**예수님에 관한 질문**

## 예수님에 관한 질문

- 초판 1쇄 발행 2020년 3월 15일
- 초판 2쇄 발행 2024년 8월 7일

- 지은이  박명룡
- 펴낸이  조유선
- 펴낸곳  누가출판사

- 등록번호 제315-2013-000030호
- 등록일자 2013. 5. 7.
- 주소 서울특별시 강서구 공항대로59다길 276 (염창동)
- 전화 02-826-8802 팩스 02-6455-8805

- 정가 13,000원
- ISBN 979-11-85677-42-2   03230

*파본은 교환해 드립니다.
*이 출판물은 저작권법에 의해 보호를 받는 저작물이므로 무단 복제할 수 없습니다.
*독자의 의견을 기다립니다.
*sunvision1@hanmail.net

생각하는
기독교 2

왜 다른 종교에는 구원이 없는가요?

예수님에 관한 기록은 믿을 만 한가요?

예수는 이야기는 그대 신앙에서 비롯된것이요?

왜 예수님만 믿어야 하는가요?

예수님은 누구인가요?

예수님은 하나님의 아들인가요?

예수님의 부활은 역사적 사실인가요?

박명룡 지음

# 예수님에 관한 질문

예수님 존재에 대한
지성적인 확신을 갖도록
명쾌한 해답을 주는 책!!!

출판사
누가

## 추천사

오늘날 교회는 예수님의 정체성에 대한 심각한 도전에 직면해 있습니다. 따라서 절대 진리를 부정하는 포스트모던 시대를 살아가는 현대인에게 예수님이 누구시며 왜 예수님만이 구원자가 되시는지에 대한 명확한 이유를 제시해야 할 책임이 있습니다. 이런 점에서 박명룡 목사님이 쓴 「예수님에 관한 질문」은 '왜 예수님만이 참된 진리인가?'에 대한 의문을 품고 있는 이들에게 설득력 있는 답을 제시하고 있습니다. 이 책은 예수께서 신화적 인물이 아니라 가장 확실한 역사적 인물이며, 하나님의 아들이심을 명확히 논증하고 있습니다. 또한, 예수님의 부활은 역사적 사실이며 그분만이 하나님께로 가는 유일한 구원자 되심에 대한 지성적 이유들을 변증적으로 잘 설명하고 있습니다. 기독교 신앙에 의문이 많은 지성인들과 예수님의 복음을 잘 전하고자 하는 분들에게 도움이 되는 책입니다. 초신자들과 청년 세대와 우리 안에 있는 소망에 관한 이유를 묻는 사람들에게 대답할 것을 항상 예비하고자 하는 성도들께 일독을 권합니다.(벧전 3:15)

**이찬수 목사** | 분당우리교회 담임목사

## 추천사

박 목사님은 시대의 정신과 함께 살고 있습니다. 그에게서 우리는 진정한 목회자의 한 단면을 봅니다. 우리 시대는 과거와 다른 새로운 패러다임 속에 움직이고 있으며 이 속에서 신앙의 부흥을 위해 가장 필요한 것이 바로 이해를 추구하기 위한 새로운 시도들입니다. 박 목사님이 변증을 위해 절실한 것으로 찾은 것이 바로 이러한 이해를 추구하는 신앙의 훈련이라는 점에서 그에게서 우리는 한국 교회의 미래의 희망을 봅니다.

**황덕형 총장** | 서울신학대학교


어린 시절 예배와 수련회에서 예수님을 체험하고 믿게 되었다는 이야기 외에는 예수님을 제대로 소개하고 설명할 능력이 없는 신앙인들에게 꼭 필요한 책입니다. "왜 예수님이 그렇게 특별하고 대단한가?" 하고 묻는 친구 앞에서 할 말을 찾지 못하는 신앙인들에게 이 책은 예수님에 관한 수많은 역사적, 과학적, 논리적 증거들을 제시해 줍니다. 이 책은 또한 인생의 길을 생각하며 살아가는 일반인들에게도 예수님을 역사적, 객관적으로 이해할 수 있는 기회를 줍니다. 예수님에 관한 쉽고도 풍성한 좋은 책입니다. 신앙인들과 구도자들 모두를 위해 추천합니다.

**김성원 교수** | 서울신학대학교

## 추천사

현재 지향적인 성향을 가진 밀레니얼 세대의 젊은이들에게 우리 인생의 주인은 예수님 한 분이라고 소개하는 일은 쉽지 않습니다. 그러나 합리적, 객관적 증거들이 제시되어 예수님을 만나게 된다면 자신의 삶을 예수님께 헌신할 젊은이들은 여전히 존재합니다. 한국 교회에 기독교변증의 시대적 필요성을 알리고, 유용한 기독교변증 콘텐츠 개발에 헌신해온 박명룡 목사님의 책 「예수님에 대한 질문」은 이 시대의 젊은이들에게 예수님을 잘 소개할 수 있는 책입니다. 예수님에 대한 억측과 편견이 난무하는 시대에 이 책은 예수라는 실존인물에 대해 꼭 알아야 할 필수 신상정보를 제공해줍니다. 참된 진리에 목말라하는 이 시대의 청소년과 청장년 세대 모두에게 시원한 냉수 한 그릇 같은 마르지 않는 기독교변증의 보고(寶庫)가 되어줄 것입니다.

안환균 목사 | 그말씀교회 담임목사. 변증전도연구소 대표

## 추천사

티모시 프리크와 피터 갠디가 쓴 「예수는 신화다」, 댄 브라운의 「다빈치 코드」, 오강남의 「예수는 없다」, 도올 김용옥의 「요한복음 강해」, 「도올의 도마복음 이야기」 등, 이 책들은 공통적으로 예수님이 신화적 인물이거나 지혜로운 인간에 불과하다고 주장합니다. 우리 시대의 강력한 도전들 중의 하나가 바로 예수님의 정체성입니다. '예수님은 누구신가?' 이 질문에 대한 명료한 대답을 이 책 「예수님에 관한 질문들」에서 얻을 수 있습니다. 이 책은 '예수는 신화인가? 단순한 인간인가? 아니면 하나님의 아들인가?'에 대한 명확한 답을 제시하고 있습니다. 뿐만 아니라, 저자는 예수님의 부활에 대한 역사적 증거들을 제시하며, 종교 다원주의 세상에서 예수님의 유일성을 논리적으로 변증하고 있습니다. '예수님이 왜 구원자인가'에 대한 지성적 이해를 추구하는 초신자들과 교회학교 교사들 그리고 청년들에게 이 책을 적극 추천합니다.

이기용 목사 | 신길교회 담임목사

추 천 사

본서는 혼탁한 세계 속에서 진리를 찾는 이 시대의 크리스천 순례자들에게는 이정표와 같은 책입니다. 온전한 이해를 추구하는 지성인들뿐만 아니라 불신의 세상 속에서 믿음을 고민하며 살아가는 이들을 빛으로 인도하고 있습니다. 성경의 예수님을 생생하게 드러내는 이 소중한 변증서는 다양한 문화 현상과 역사의 기록들을 비교하고 분석하며 명쾌한 결론을 도출하고 있습니다. 그리고 정중하게 신앙 성숙과 삶의 헌신으로 독자들을 초대합니다. 본서는 불신이 가득한 시대를 향하여 내어놓는 우리 시대 기독교의 소중한 기록이라고 할 수 있습니다. 이 성실한 변증들은 구주를 찾기 원하는 이들에게 훌륭한 길 안내자가 되어 줄 것입니다.

박노훈 목사 | 신촌성결교회 담임목사. 월드비전 이사장

## 추천사

중고등학생들과 청년들을 상담하다 보면 크게 두 가지의 공통점이 있는데, 예수님의 탄생과 부활을 믿을 수 없다는 겁니다. 처녀가 어떻게 스스로 임신할 수 있으며, 사람은 동물중의 하나인데 '죽은 동물이 어떻게 다시 살아 날 수 있나?'라고 의심합니다. 예수님은 역사상 존재했던 성인중의 한 사람인데, '사람이 어떻게 하나님이 될 수 있으며, 사람인 예수를 믿으면 구원 받는다는 게 말도 안 된다'고 합니다. 이런 질문은 '진화론은 과학적 사실이다'란 믿음 때문에 전지전능하신 창조주 하나님을 믿지 못하는 불신앙에서부터 기인합니다. 성경적 창조신앙의 확신이 없는 사람은 '예수님이 곧 창조주 하나님'이라고 고백하지 못할 뿐만 아니라, 예수님의 역사성(탄생, 십자가의 죽으심과 부활)과 구원신앙, 그리고 성경의 수많은 기적들을 이성적으로 믿지 못합니다. 그러나 예수 그리스도의 십자가 복음을 전하기 위해서는 예수님의 신성과 역사성에 대한 확실한 이해와 믿음이 필요합니다. 창조주 하나님과 예수님을 부정하고 불신하는 지식과 정보들로 넘쳐나는 첨단 과학시대에 시기적절하게 박명룡 목사님이 예수님을 변증하는 「예수님에 관한 질문」을 출판하였습니다. 아무쪼록, 이 책을 통해서 예수님의 신성과 역사성을 믿지 못하는 지식인들과 다음 세대들이 창조신앙과 구원신앙을 회복하고 하나님께로 돌아오기를 기도하며, 지성이 혼탁한 이 시대에 꼭 읽어야 할 책으로 강력 추천합니다.

**한윤봉** | 한국창조과학회 회장. 전북대 교수.「성경적 창조론이 답이다」저자

# 차례

추천사 • 4

**들어가는 말_ 예수님은 누구인가요?** • 12

**제1장_ 예수 이야기는 고대 신화에서 베꼈잖아요?** • 19
    1. '예수는 신화다'의 주장은? • 21
    2. '예수는 신화다'가 잘못된 이유들 • 24
    3. 기독교와 신비종교의 유사점은 어떻게 이해해야 하는가? • 29
    4. 예수는 신화가 아니다! • 34

**제2장_ 예수님에 관한 기록은 믿을 만한가요?** • 35
    1. 고대 종교 경전들 vs 신약 성경 • 37
    2. 동·서양의 고대 문헌들 vs 신약 성경 • 41
    3. 성경의 원본 없고 사본만 있다던데, 어찌 믿을 수 있는가? • 44
    4. 일반 역사에는 예수 기록이 없다? • 51
    5. 결론 : 예수의 기록은 가장 믿을 만하다 • 58

**제3장_ 예수님은 하나님의 아들인가요?** • 61
    1. 초기 그리스도인들이 믿었던 예수는? • 65
    2. 예수님은 하나님의 아들인가? 증거는? • 71
    3. 당신의 선택은? • 76
    4. 신앙 간증 • 83

제4장_ 예수님의 부활은 역사적 사실인가요? • 91
    1. 첫 번째 역사적 사실 : 예수는 십자가에서 못 박혀 죽은 후
       무덤에 묻혔다 • 94
    2. 두 번째 역사적 사실 : 예수의 무덤은 빈 무덤으로 발견되었다 • 94
    3. 세 번째 역사적 사실 : 예수의 제자들이 부활한 예수를
       만났다고 주장하였다 • 98
    4. 네 번째 역사적 사실 : 부활한 예수를 만난 경험 때문에 그
       제자들의 삶이 급격하게 변화되었다 • 102

제5장_ 왜 예수님만 믿어야 하나요? • 111
    1. '예수만이 구원' 편협하고 오만한 것인가? • 113
    2. 종교 다원주의의 도전과 모순점 • 117
    3. 종교 다원주의의 구원관 • 121
    4. 기독교의 구원이란? • 123
    5. 구원에 대한 타종교의 부적합성 • 125
    6. 기독교 구원의 타당성 • 127
    7. 예수의 신적 속성과 유일성 • 134
    8. 예수님은 유일한 구세주이다! • 139

나가는 말_ 놀라운 하나님의 사랑을 만나세요! • 141

주 • 156

**들어가는 말**

# 예수님은
# 누구인가요?

청년 "하나님을 제 눈에 보여 주실 수 있으세요? 그러면 믿을 수 있겠습니다!"

목사 "하나님은 영적인 존재이기 때문에 인간의 눈으로는 볼 수 없습니다."

청년 "그래도 하나님을 보여 주셔야 제가 믿을 수 있겠습니다. 하나님을 보여 주세요."

목사 "하나님이 인간 세상에 오랫동안 사셨던 적이 있습니다."

청년 "그것이 언제인가요? 어떻게 사셨죠?"

목사 "약 2천 년 전에 하나님의 아들, 예수께서 인간의 몸으로 이 세상에 오셨습니다. 그분은 약 33년 동안 인간의 몸으로 이 세상에서 사셨고, 많은 제자들에게 하나님의 말씀을 가르치셨습니다."

청년 "그런데, 예수는 신화적 인물이 아닌가요? 예수는 역사 속에 존재한 인물이 아니라 신화적 인물일 가능성이 많다고 들었습니다. 그리고 예수님이 역사 속에 나오는 실제 인물이라 하더라도 예수님은 훌륭한 선생님에 불과하다고 들었습니다. 그러니까 예수님을 신화적 인물이나 위대한 인간이라고 보는 것이 더 타당하지 않을까요?"

목사 "예수님이 신화적 인물이라? 예수님은 훌륭한 선생님이며, 인간일 뿐이지, 하나님의 아들이거나 인간의 모습으로 오신 하나님이 아니라는 주장이지요?"

청년 "그렇습니다. 예수님은 신화적 인물이거나 단순히 인간일 뿐…"

목사 "예수님은 누구신가? 예수의 정체성에 대해서 우리 함께 자세히 이야기 해 볼까요?"

연전에 어느 청년과 함께 이런 대화를 나눈 적이 있다. '예수는 누구인가?' 이 질문은 기독교 신앙의 핵심에 관련된 질문이다. 현대 회의주의자들이 주장하는 대로 만약 예수가 신화적 인물이라면, 예수의 가르침은 신화적 교훈 그 이상은 아닌 것이다. 더욱이 만약 예수가 단순히 한 인간으로서 훌륭한 스승이었다면, 예수의 정체성은 위대한 가르침을 주신 존경받는 교사에 불과하다고 보는 것이

마땅하다.

하지만, 예수의 정체성은 그 이상이다. 예수는 모든 권위의 원천을 자기 자신에게 두었다.(요 5:39, 14:6) 예수는 스스로 자신이 하나님의 아들이라는 분명한 자의식을 가지고 있었고, 자신이 하나님과 동등한 분이심을 강조하셨다.(요 10:30, 14:9) 그분은 자신이 신적 권위를 가지고 있으며, 사람들의 운명을 자신을 믿느냐 믿지 않느냐에 달려 있다고 했다. 따라서 예수는 자신이 한 인간에 불과한 존재가 아니라, 하나님의 아들이시며 하나님과 동등한 분이라는 명확한 자기 정체성을 가지고 있었음을 알 수 있다.

또한 예수의 십자가 죽음과 부활을 경험한 제자들과 초기 그리스도인들은 예수를 "참 하나님이시요 영생이시라"(요일 5:20)고 고백하였으며 그렇게 가르쳤다. 게다가 초기 그리스도인들은 예수를 하나님으로 경배하였다.(빌 2:6-8, 골 1:15) 따라서 신약 성경에 근거한 예수의 정체성은 단순히 한 인간이 아니라, 하나님의 아들이요 그리고 인간의 몸으로 오신 하나님이라고 말할 수 있다.

그렇다면, 현대 회의주의자들의 주장대로, 예수는 신화적 인물이거나 단순히 훌륭한 가르침을 준 인간에 불과하다고 말할 수 있을까? 아니면, 예수 자신의 주장과 제자들의 고백대로, 인간의 몸으로 오신 하나님의 아들인가?

예수께서 신화적 인물이거나 혹은 훌륭한 교사일 뿐이라면, 우리는 예수의 삶과 가르침을 무시하거나 참조하면 된다. 그러나 예수께서 인간의 몸으로 오신 하나님이시라면, 우리는 그분 앞에서 어떻게 반응해야 하는가? 예수님의 정체성에 따라서 우리의 삶은 완전히 달라질 수 있다.

따라서 본 저서는 예수님에 관해 가장 중요한 질문들을 고찰함으로써, 우리가 예수님을 누구로 인식해야하며, 그분께 어떤 고백을 해야 하는지, 어떤 삶을 살아야 하는지에 대해 살펴보고자 한다. 이러한 목적을 성취하기 위해, 1장에서는 예수님의 이야기와 고대 신화와의 관련성에 대해 살펴볼 것이다. 과연 예수 이야기는 고대 신화를 인용한 것인가에 대한 명확한 이해를 도모할 것이다. 2장에서는 예수님에 관한 역사 기록들의 신뢰도를 살펴보겠다. 특히 예수의 생애를 기록한 문서와 동·서양의 고대 인물들의 역사 기록을 비교함으로써, 예수 기록의 탁월성을 밝히고자 한다. 3장에서는 예수님은 진실로 하나님의 아들인가에 대한 문제를 살펴보고, 4장에서는 예수님의 부활이 역사적 사실인지에 대한 질문을 고찰할 것이다. 마지막 5장에서는 세상의 다양한 종교들 중에서 왜 꼭 예수를 믿어야 하는가에 대한 문제를 집중적으로 다루고자 한다.

　이러한 지적 탐구 과정을 통하여, 과연 예수님은 누구인지, 예수님께 어떤 고백을 하고 어떻게 믿어야 하는지, 왜 예수만이 구원자인지에 대한 지성적 이해와 확신을 도모하고자 한다. 기독교 신앙에 대한 이와 같은 지성적 확신은 예수를 믿는 신앙의 성숙으로 이어지게 되며, 예수의 복음에 깊이 헌신할 수 있도록 강한 동기를 제공해 준다. 기독교 신앙에 대한 지성적 확신은 온전한 기독교적 삶에 헌신하도록 한다. 바라기는 독자들이 본 저서를 통하여, 예수님이 누구신가에 대해 올바르게 이해하고 예수님께 깊이 헌신하는 복된 하나님의 사람이 되길 간절히 기도한다.

　끝으로 필자가 한국 교회에 기독교변증 사역을 알리고 펼쳐나갈 수 있도록 도와준 「국민일보」에 깊은 감사의 마음을 전한다. 필자는 국민일보의 미션라이프를 통하여, '박명룡 목사의 기독교 안티에 답한다' '박명룡 목사의 생각하는 그리스도인' '박명룡 목사의 시편' 등을 통하여 기독교변증을 소개하고 적용할 수 있는 귀한 기회를 가졌다. 이 책은 그러한 칼럼 활동의 결과물이기도 하다.

　이 책을 기꺼이 추천해 주신 분당우리교회 이찬수 목사님, 신길교회 이기용 목사님, 그리고 신촌교회 박노훈 목사님께 진심으로 감사드린다. 또한 서울신학대학교 황덕형 총장님과 김성원 교수님 그리고 전북대학교 한윤봉 교수님께 특별한 감사의 인사를 드리고 싶다. 기독교변증 사역의 동역자로 항상 힘이 되는 변증전도연구소 대표 안환균 목사님께 감사드린다. 이 책을 처음부터 끝까지 읽고 살펴봐 주신 이주현 집사님과 이현옥 목사님께 감사의 마음을 전한다. 또한 이 책의 깊은 이해를 도모하기 위해 그림을 그려주신 문상일 목사님께 감사드린다. 필자의 목회에 가장 큰 힘이 되는 사랑하는 아내 김경원과 두 자녀, 지훈이와 지은이에게 감사를 전한다. 그리고 이 책이 나올 수 있도록 적극적으로 도와주신 누가출판사 정종현 목사님께 감사드리며, 청주서문교회의 장로님들과 성도님들께 진심으로 감사의 마음을 전하고 싶다. 이 모든 감사를 가능하게 하시며, 부족한 사람의 목회에 늘 함께 하시고 섬세하게 인도하여 주시는 성 삼위일체 하나님께 감사와 영광을 올려 드린다.

제1장

**예수 이야기는
고대 신화에서
베꼈잖아요?**

**예수는 신화가 아닌가요?**

"목사님, 제 대학생 아들이 인터넷에서 어떤 영화를 본 후에 '예수는 허구적 인물이며, 고대 그리스와 이집트 신들 중에서 모방한 것이기에 더 이상 예수를 믿지 않겠다'고 합니다. 어떡하죠?" 어느 신학대학원에서 기독교 변증학을 강의할 때 들은 이야기이다. 인터넷에는 '예수는 허구의 인물이며 고대 신화에서 모방한 것'이라는 자료가 넘쳐난다. 연전에 인터넷을 통해 알게 된 이야기다. 서울의 모 대형교회에서 제자 훈련을 받았고, 주일학교 교사로 봉사했으며, 수년 동안 성경공부를 했다는 한 청년이 기독교 신앙에 분개하며 심한 배신감을 느낀다고 했다. 그 이유는 예수님의 생애를 역사적 사실로 믿고 있었는데, 알고 보니 고대 신화에서 베낀 이야기일 뿐이라는 것을 알았기 때문이라고 한다. 한국 사회에서 예수에 대한 잘못된 인식을 퍼뜨리게 한 대표적인 책은 「예수는 신화다」이다. 이 책은 지난 십수 년 간 젊은이들 사이에서 꾸준히 읽혀졌다.

# 1. '예수는 신화다'의 주장은?

티모시 프리크와 피터 갠디는 「예수는 신화다」는 책에서 '예수 이야기'에 대하여 다음과 같이 주장한다.

> 예수의 이야기는 역사적으로 실존했던 메시아의 전기가 아니라, 이교도의 유서 깊은 이야기들을 토대로 한 하나의 '신화'라고 우리는 확신하게 되었다. 그리스도교는 새롭고 유일무이한 계시 종교였던 게 아니다. 유대인 방식으로 각색된 고대 이교도의 미스테리아 신앙이었다.[1]

여기서 그들은 예수에 관한 이야기들은 실제 역사적 사실이 아니라, 고대 신비 종교들의 신화에 영향을 받아 유대식으로 만들어진 허구적 신화에 불과하다고 결론 내린다. 그들의 주장에 의하면, 고대 지중해 세계에서는 고대로부터 내려온 신비종교들을 토대로 죽고 부활한 신인 신화의 여러 형태들을 만들어졌다고 한다. 그 다양한 신비종교의 형태인 오시리스-디오니소스 신화들 중에서 유대인들이 선택하여 각색한 신화가 바로 죽었다가 부활한 신인$_{godman}$ 예수라고 주장한다.² 참고로, 여기서 말하는 오시리스-디오니소스 신화는 고대 지중해 지역(그리스-로마, 이집트)에 다양한 형태로 퍼져있었던 여러 신비종교들의 신화를 통칭해서 프리크와 갠디가 오시리스-디오니소스 신화라고 부르고 있다는 점을 알아둘 필요가 있다. 여기에는 디오니소스, 오시리스, 이시스, 아티스, 미트라스, 아도니스, 키벨레, 탐무즈 등의 신화들이 다 포함된다.

그렇다면 그들이 말하는 오시리스-디오니소스 신화는 신약 성경에 나오는 예수 이야기와 얼마나 많이 닮았겠는가? 프리크와 갠디는 그 유사점을 다음과 같이 말한다.

- 오시리스-디오니소스는 육체를 가진 신이며, 구세주이고, '하나님$_{God}$의 아들'이다.
- 그의 아버지는 하나님이며 어머니는 인간 처녀(동정녀)이다.
- 그는 3명의 양치기가 찾아오기 전인 12월 25일에, 동굴이나 누추한 외양간에서 태어난다.
- 그는 신도들에게 세례 의식을 통해 다시 태어날 기회를 준다.
- 그는 결혼식장에서 물을 술로 바꾸는 기적을 행한다.
- 그가 나귀를 타고 입성할 때 사람들은 종려나무 가지를 흔들고 찬송하며 그를 맞이한다.

- 죽은 지 사흘 만에 부활해서 영광되어 하늘로 올라간다.
- 신도들은 최후의 날 심판자로 그가 다시 돌아오기를 기다린다.
- 그의 죽음과 부활은 그의 몸과 피를 상징하는 빵과 포도주 의식으로 기념된다.[3]

자, 어떤가? 오시리스-디오니소스 신화가 예수 이야기와 거의 똑같이 않은가? 프리크와 갠디의 주장은 기독교가 발생하기 이전, 약 천 년에서 수 백 년 전에 발생한 고대 신화들에서 예수의 생애와 동일한 내용들이 나오고 있다는 것이다. 그렇다면 기독교가 고대 신화에서 그 핵심 교리를 베껴온 것이 사실이지 않겠는가?

## 2. '예수는 신화다'가 잘못된 이유들

'예수는 신화다'는 프리크와 갠디의 주장은 학문적으로 뒷받침될 수 없으며, 그들의 주장을 믿을만한 타당한 근거가 없다. 그 이유는 다음과 같다.

첫째, 기독교가 발생하기 이전에 기독교의 주요 교리들을 모두 갖춘 고대 신비종교는 단 하나도 존재하지 않았다. 따라서 기독교가 그 교리를 빌려 올만한 모본이 없었다. 기독교와 고대 신비종교를 비교 연구한 군터 와그너Gunter Wagner 박사는 "최고로 빼어난 그 신비 종교는 결코 존재하지 않았다. 매우 확정적으로 AD 1세기에는 존재하지 않았다."고 명확히 밝힌다.[4] 다시 말해서, 프리크와 갠디가 주장한 바대로, 기독교가 그 모든 핵심 교리를 베껴 올 만큼 완성된 신비종교는 예수시대 이전에는 존재하지 않았다는 학문적 주장을 와거너는 제시하고 있다.

고대 신비종교들과 기독교의 관계를 깊이 있게 연구한 로날드 내시Ronald Nash 는 "기독교가 빌려올 만한 거듭남에 대한 기독교 이전의 교리는 없었다. 기독교 이전의 신비 의식들이 실제 용어로서 거듭남을 사용하였다는 믿음은 심지어 단 한 개의 자료에서도 뒷받침

될 수 없다."⁵라고 말한다. 이러한 주장들은 기독교가 모든 핵심 교리를 베껴올 만큼 완성된 신비종교는 예수 시대 이전에는 존재하지 않았다는 사실을 학문적으로 알려주고 있다.

둘째, 기독교가 발생하기 이전에 '죽었다가 3일 만에 다시 살아난 신들'은 아무도 없었다. 기독교가 그 내용을 빌려 오려면 기독교 이전에 죽고 부활한 신들이 있어야만 한다. 그러나 유명한 학자들은 한결같이 그 가능성을 부인한다. 고대 신화를 깊이 연구한 T. N. D. 메팅거Mettinger 박사는 주장하기를 "기독교 이전에 죽었다가 다시 살아난 신들은 없다."고 밝힌다. 그는 주장하기를, 사실 기독교 이전에 죽음과 부활에 관련된 신들에 대한 세 개 혹은 다섯 개의 신화들이 있었다고 한다. 그러나 문제의 핵심은 이 신화들이 예수의 부활과 실제적으로 닮은 유사성이 존재하는가라는 점이다. 이 신화들 중에서 '그 어떠한 것도 예수와 실제로 닮은 것은 없다.'고 메팅거는 확정한다. 그 이유를 다음과 같이 설명한다.

> 그 신화들은 예수가 죽음에서 부활한 보고와는 매우 다른 차이점을 보이고 있다. 그 신화들은 구체적이지도 않고, 시기적으로도 오랜 시간 전에 발생한 것이다. 그리고 그 신화들은 대개가 식물의 계절적인 삶과 죽음의 순환에 관련되어 있다. 이와 대조적으로, 예수

의 부활은 반복되지 않는다. 계절적인 변화와 연결되지도 않는다. 그리고 역사적 예수와 동일한 세대에 살았던 사람들에 의해서 실제로 일어났던 사건으로 진지하게 믿어지고 있었다. 더욱이, **죄를 대신해서 고통을 당하는 것으로서, 신들의 죽음과 부활에 대한 증거는 없다.**[6] (굵은 글씨 필자 첨가)

위 글을 통하여 알 수 있는 것은, 고대 신비종교의 신화들은 실제 인간이 죽고 부활하는 것과는 전혀 상관이 없다. 단지, 식물이 계절에 따라서 태어나고 성장하다가 죽고, 그 다음 해에 또다시 태어나는 식물의 계절적 순환에 대한 상징적 묘사들과 관련된 신화들이라는 것이다.

이러한 견해는 메팅거의 독자적인 주장이 아니다. 고대 신화를 학문적으로 연구하는 권위 있는 학자들이 동의하는 것이다. 특히 고대 역사와 신화에 대하여 깊이 있게 연구한 에드윈 야마우치(Edwin M. Yamauchi)는 마르둑 또는 디오니소스 신화에는 부활이 없다고 한다. 그는 다음과 같이 설명한다.

이 모든 신화들은 식물의 생장에 있어서 죽음과 재생에 대한 반복적이고 상징적인 묘사들이다. 이러한 것은 역사적 모습이 아니다. 그리고 그들의 죽음 중 그 어떠한 것도 구원을 제시하기를 의도하지 않는다. 예수 그리스도의 경우 기독교인이 아닌 역사가들, 즉 요세푸스와 타키투스와 같은 역사가들도 예수가 티베리우스 황제 시대에 본디오 빌라도의 통치 하에 있을 때 죽었다는 사실을 보도하고 있다. 예수의 부활에 대한 보고들도 매우 이런 초기에 기록되었으며 목격자적 증언에 그 뿌리를 두고 있다.[7]

위와 같이, 고대의 다른 신화들과 예수의 죽음과 부활은 전혀 다른 것이다. 고대 신화 연구에 저명한 에버레트 퍼거슨Everett Ferguson 박사는 디오니소스 신비종교의 관련된 자료들을 면밀히 분석한 후에 다음과 같은 결론을 내리고 있다: "디오니소스나 그 종교에 입문한 사람들은 죽음에서 다시 살아난다고 생각하지 않았다. 오히려 그 디오니소스 신비종교는 디오니소스적인 술 취함의 환락으로서, 또 다른 세상에서의 삶을 묘사함으로써 죽음에 대한 불안을 제거해 주었다."[8] 따라서 디오니소스 신비종교에는 실제적인 부활이 없었다고 주장한다.

하버드 대학의 헬무트 쾨스트Helmut Koester 박사도 고대 신화에서 아티스나 오시리스가 죽었다가 다시 살아났다는 말이 없다고 명확하게 주장한다.[9] 따라서 저명한 학자들의 결론은 기독교 이전에 존재했던 신비종교들은 인간의 죄를 용서하기 위해 죽고 부활한 신을 믿지 않았으며, 기독교와 동일한 교리의 신화는 존재하지 않았음을 명확하게 밝히고 있다. 따라서 기독교가 신비종교들을 모방했다는 주장은 타당한 학문적 근거가 없다고 볼 수 있다.

# 3. 기독교와 신비종교의 유사점은 어떻게 이해해야 하는가?

기독교와 고대 신비종교와의 유사점들이 있다. 기독교가 고대 신비종교에서 베낀 것이라고 주장하는 사람들은 다음과 같은 예를 제시한다. 젖먹이는 이시스 여신상은 기독교 성화 속의 젖먹이는 성모상과 놀랍도록 닮아 보인다. 예수가 죽은 지 사흘 만에 부활했듯이 오시리스도 죽은 지 사흘 만에 되살아난다. 디오니소스도 죽은 후 얼마 되지 않아 무덤에서 일어나 하늘로 올라갔다. 미트라스의 추종자들은 미트라스도 하늘에 올라가서 하늘에서 종말의 때를 기다리고 있다고 믿었다. 미트라스교에서도 기독교의 성찬식과 마찬가지로 빵과 포도주로서 신성한 의식을 행하였다. 바로 이런 유사점을 근거로 대중작가들은 기독교가 고대 신비종교들로부터 신앙의 핵심 교리를 베꼈다고 단정 짓는다.

그러나 기독교 이전에 실제로 죽었다가 다시 살아나는 고대 신비종교의 신인(godman) 신화는 존재하지 않는다. 신비종교에는 기독교에서처럼 인류의 죄를 대속하기 위해 죽고 부활하는 성숙한 신화가 존재하지 않았다. 그렇다면, 위에 나열된 기독교와 신비종교들 사이의 놀라운 유사점들을 어떻게 이해해야 할까? 이것은 결국 기독교가 신비종교를 모방한 것이 아니라 도리어 신비종교들이 기독교의 핵심 교리들을 모방하였다고 보는 것이 타당하다. 그 이유는 다음과 같다.

첫째, 초기 기독교는 처음부터 독립적이었던 반면에 고대 신비종교들은 처음부터 혼합주의였다. 특히 1세기 유대인들의 사고방식은 혼합주의를 매우 싫어하였다. 유대인들은 유일신을 고집하였고, 이 같은 성향은 유대적 배경을 가진 기독교인들도 마찬가지였다. 이러한 독립적 배타성은 예수의 복음 전파에도 적용되었다. 사도들은 오직 그리스도 안에서만 구원이 있음을 담대하게 선포하였다. "다른 이로서는 구원을 얻을 수 없나니 천하 인간에 구원을 얻을 만한 다른 이름을 우리에게 주신 일이 없음이니라 하였더라."(행 4:12) 기독교는 처음부터 다른 종교와 교리적으로 타협하지 않았음을 분명히 알 수 있다.

둘째, A.D. 2세기 후반부터 3세기의 신비종교들은 기독교 신앙으로부터 적극적인 모방을 시도하였다고 볼 수 있다. 기독교가 발생하기 이전에 고대 신비종교들은 기독교 형성에 영향을 끼칠 수 있을 만큼 성숙되지 못하였다. 실제로 죽었다가 3일 만에 부활한 신인은 존재하지 않았다. 특히 유대 지역에서 그 신비종교들의 실질적인 영향력은 별로 감지되지 않는다. 그러다가 특히 A.D. 3세기에 들어섰을 때부터, 신비종교들의 문서나 여러 자료들은 죽었다가 부활한 신들에 대한 이야기를 쏟아내기 시작하였다.

즉, A.D. 1세기 때만 해도 각 신비종교들은 기독교의 핵심교리와는 거리가 멀었다. 그런데 갑자기 A.D. 2세기 후반부터 특히 3세기에 기독교와 유사한 종교 의식들을 많이 보이기 시작했다. 그래서 기독교와 신비종교의 유사점을 강조하는 사람들은 거의 다 2세기 후반 또는 3세기 자료들을 그 근거로 내세운다. 이와 같이 기독교가 발생한 후 최소한 100년 내지 200년이 지난 시기에 나타난 자료들을 근거로 하여 기독교와 신비종교가 닮았으며, 기독교가 신비종교의 내용을 베꼈다고 주장한다.

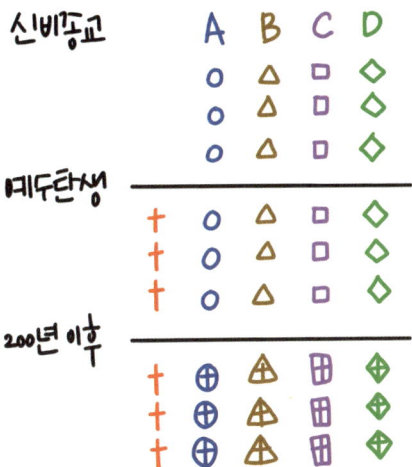

프리크와 갠디의 주장에 의하면, 오시리스-디오니소스가 예수와 똑같이 십자가에 못 박혀 죽은 것으로 묘사되었다고 한다. 그 근거로서, 어떤 도자기 그림에는, 디오니소스가 십자가에 매달려 있으며, A.D. 2-3세기 로마 시대의 한 석관에는 나이든 사도 1명이 어린 디오니소스에게 커다란 십자가를 갖다 주는 그림이 그려져 있다고 한다. 또한, "같은 시기에 만들어진 부적에는 십자가에 못 박힌 인물이 새겨져 있는데 처음 보면 예수로 착각하기 십상이지만, 사실 그것은 오시리스-디오니소스이다."라고 주장한다.[10]

이러한 기독교와 유사점들은 A.D. 1세기나 그 이전에는 발견되지 않는다. 오직 기독교가 매우 많은 지역에서 심각한 영향력을 끼치고 있었던 A.D. 2-3세기 이후에 그러한 유사점들이 발견된다. 이러한 점들은 무엇을 말해 주고 있는가? 처음부터 배타적인 기독교가 신비종교에서 베낀 것이 아니라, 도리어 시작부터 혼합적이고 모방을 좋아했던 신비종교들이 기독교 신앙에서 모방하였다고 말할 수 있다.

물론 기독교가 신비종교를 모방한 사례도 있다. 예컨대, 기독교는 예수의 탄생일을 12월 25일로 기념하고 있다. 그렇지만 A.D. 1세기 내에 기록된 신약 성경에 근거한 것이 아닌, A.D. 336년에 로마의 황제 콘스탄티누스가 12월 25일을 그리스도의 탄생일로 승인하고 선포하였다는 데서 그 유래를 찾아 볼 수 있다. 하지만 이것은 기독교가 시작 될 무렵이 아니라 기독교가 이미 성숙된 A.D. 4세기 이후에 발생한 일이다.

  정리하면, 기독교와 신비종교의 유사점들은 A.D. 1세기나 그 이전에는 발견되지 않는다는 것이다. 처음부터 독립적이었던 기독교가 베낀 것이 아니라, 원래부터 혼합적이고 모방적이었던 신비종교들이 기독교와 경쟁하면서 기독교를 모방하였다고 보는 것이 타당하다.

## 4. 예수는 신화가 아니다!

고대 신화를 학문적으로 연구한 학자들은 예수의 일생과 행적을 신화로 여기지 않는다. 예수 이야기가 오시리스-디오니소스 신화의 영향으로 인해 신화화 되었다는 잘못된 주장들은 학문적인 근거를 제시할 수 없다. 오히려 역사를 좀 더 객관적으로 살펴볼 때, 예수 이야기는 실제 이야기이며, 예수의 생애와 가르침은 실제 역사 속에서 생생하게 일어났던 역사적 사건이었음을 명확히 알 수 있다. 사실 고대의 역사 인물들 중에서 예수 그리스도, 그분만큼 역사적 신뢰성이 탁월한 분은 없다.

"진리를 알지니 진리가 너희를 자유롭게 하리라" (요 8:32)

제2장

예수님에 관한 기록은
믿을 만한가요?

!

　기독교 신앙을 폄훼하는 안티 기독교는 '예수는 신화적 인물이다' 또는 '예수의 역사적 기록은 별로 믿을 만하지 못하다'는 주장을 제기한다. 이러한 주장은 인터넷을 통하여 청소년들이나 일반인들에게 여과 없이 전달되어 예수님이 이 세상에 실존한 인물이 아니거나, 예수님에 관한 기록이 날조되었다는 잘못된 믿음을 갖게 하는데 많은 영향을 끼쳤다. 예수님에 관한 잘못된 정보들은 사람들이 예수님께 나아오는데 걸림돌이 되게 한다.
　그렇다면 과연 예수님의 생애를 기록한 신약 성경은 믿을 만하지 못하거나 날조된 것일까? 그렇지 않다. 사실 예수님은 고대에 존재했던 고대 인물들 중에서도 가장 정확하며 탁월한 역사 기록을 가지고 있다. 만일 우리가 예수님에 관한 기록과 일반 고대 인물들의 기록을 비교해 본다면 예수님에 관한 역사 기록이 가장 탁월하다는 사실을 충분히 이해할 수 있다. 따라서 우리는 고대의 일반 종교 인물들의 기록과 예수님의 생애를 담고 있는 신약 성경의 역사성을 비교 분석해 보는 것이 필요하다.

## 1. 고대 종교 경전들
## vs 신약 성경

신약 성경은 세계의 그 어느 종교 경전들 보다 훨씬 뛰어난 역사적 신뢰성을 가지고 있다. 먼저 우리가 유의해야 할 사실은, 고대 종교 경전들은 모두가 다 구전 전승기간을 가지고 있다는 것이다. 즉, 각 종교의 창시자들이 가르친 가르침들은 일정 기간 동안 구전으로 전승되다가 후대의 어느 시점에 문서로 기록되었다. 이로 보건대, 각 종교 지도자의 생애와 가르침이 구전으로 전달되어 후대에 문자로 기록되기까지는 상당한 시간을 필요로 했다는 것을 알 수 있다. 따라서 역사적 사건이 구전 기간이 짧으면 짧을수록 그 가르침의 내용은 변질되지 않고 역사적 사실에 가깝다고 평가할 수 있다.

### 단군 신화
예컨대, 단군 신화는 단군이 B.C. 2,333년에 나라를 세운 후에 그의 이야기가 구전 전승되어 A.D. 1,281년에 승려 일연에 의해 삼

국유사에 기록되기까지 최소한 3,600여 년의 시간이 흘렀다. 다른 모든 여건들을 감안하더라도 단군의 이야기가 문자로 기록되기까지는 최소한 2,400여년 이상의 시간이 소요되었다고 볼 수 있다.

### 조로아스터교

조로아스터교는 어떨까? 조로아스터교를 창시한 사람은 조로아스터$_{Zoroaster}$이다. 그의 본명은 자라투스트라 스피타마인데, 그는 B.C. 1,400~1,000년경에 살았던 인물이다. 그의 이야기가 입에서 입으로 전달되어 문자로 기록된 시기는 A.D. 3세기경이다. 따라서 조로아스터교의 경전은 최소 1,000년 이상 구전 기간을 거친 셈이다.[11]

### 불교 경전

불교의 경전은 어떠한가? B.C. 6세기에 살았던 부처의 가르침 대부분은 A.D. 1세기에 기록되었다. 불교의 대표적인 경전은 일반적으로 세 바구니를 뜻하는 삼장$_{三藏, Tripitaka}$이다. 부처의 중요한 가르침을 담은 경전은 인도 최초의 통일 왕조를 건설한 아소카왕$_{Ashoka, B.C. 272-232}$ 때에 기록되었거나, 그 보다 훨씬 후대에 기록되었다.[12] 또한 부처의 생애에 대해서도 수 백 년 동안 입에서 입으로 전승되어 내려와서 마침내 A.D. 1세기에 최초의 완성본인 부처의 전기가 문서로 완결되었다. 따라서 부처의 가르침과 그의 생애가 제자들에 의해서 구전되다가 문자로 기록된 것은 부처의 죽음 이후 최소 230년에서 600년 사이에 이루어졌다고 볼 수 있다.

### 무함마드의 전기

이슬람교의 창시자 무함마드(Muhammad)는 A.D. 570년에서 632년까지 생존하였다. 그의 가르침은 그가 죽은 후 최소 20년에서 200년의 구전 기간을 거쳐서 완성되었다.[13] 무함마드의 생애를 기록한 무함마드의 전기는 A.D. 767년에 써졌다. 이것은 무함마드가 죽은 후 약 135년이 지나서야 그의 전기가 문서로 기록되었다는 것을 말해 준다.[14]

### 예수의 기록

그렇다면, 예수님의 생애는 어떠한가? 예수의 생애와 가르침을 기록한 사복음서는 예수님이 죽고 부활한 후 약 30년에서 60년 사이에 기록되었다고 한다. 예수에 대한 사도 바울의 가르침은 예수의 죽음 후 약 18년에서 35년 사이에 기록되었다. 따라서 예수의 생애와 가르침을 담고 있는 신약 성경은 대부분 예수의 죽음 후 약 18년에서 60년 사이에 문서로 기록되었다.

이러한 사실은 예수님에 관한 역사적 기록은 이 세상 그 어느 종교들 보다 매우 짧은 구전 전승 기간을 가지고 있음을 말해 주고 있다. 또한 신약 성경의 역사성이 가장 탁월하다는 사실을 말해 주고 있는 것이다. 따라서 예수님에 관한 기록은 세계 어느 종교의 경전에 비교하더라도 탁월한 역사성을 가지고 있다고 말할 수 있다.

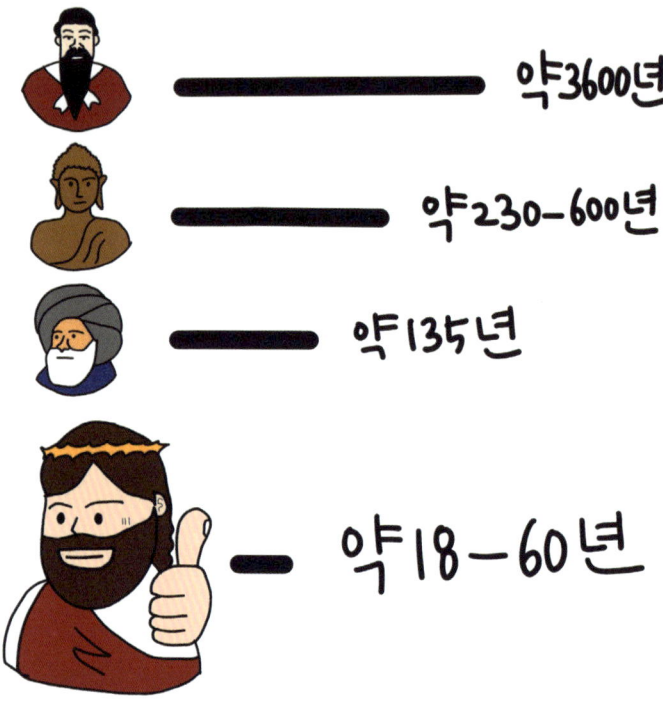

# 2. 동·서양의 고대 문헌들 vs 신약 성경

### 공자세가

예수 사건을 담고 있는 신약 성경은 동·서양의 고대 문헌들과 비교해 볼 때도 가장 탁월한 역사성을 가지고 있다. 예수님의 생애에 대한 전기가 사복음서라면, 공자의 생애에 관한 전기는 사마천이 쓴 「공자세가」이다. 공자의 생애에 관한 유일한 책인 사마천의 「공자세가」는 언제 쓰인 책일까? 공자는 B.C. 552~479년에 존재하였던 인물이다. 공자의 죽음(B.C. 479) 이후 공자의 생애가 역사가 사마천에 의해 완성되었던 시기는 그가 죽은 후 최소한 375년 이후에 이루어졌다.[15] 이것은 예수의 생애를 담고 있는 마가복음서가 예수의 죽음 이후 약 30-40년 이내에 기록된 것과 비교해 볼 때, 상당히 오랜 세월이 흐른 이후에 기록된 것임을 알 수 있다. 또한 공자의 가르침을 담고 있는 논어論語는 공자의 사후 최소한 150년에서 300년 사이에 책으로 묶여졌다.

### 노자도덕경

노자의 도덕경은 어떠한가? 노자도덕경老子道德經의 저자는 누구이며, 언제 쓰였을까? 중국학에서도 여기에 대한 명확한 답을 제시해 주지 못한다. 「노자도덕경」이라는 책 이름 자체도 그 책의 원래 이름이 아니라고 한다.[16] 그 책의 저자가 한 사람이었는지 아니면 여러 사람이었는지에 대해서도 논란이 있다. 도올에 의하면, 노자의 도덕경은 그 저작 시기를 분명히 알 수 없으며, 약 200~300년 동안 계속해서 첨삭되며 오늘날의 노자도덕경으로 만들어지게 되었다고 한다.[17] 이것은 역사적 인물로서 노자의 사상이 오늘날까지 온전히 보존되고 전달되지 않았음을 알려주고 있다.

### 알렉산더 대왕의 전기

뿐만 아니라, 알렉산더 대왕의 전기는 알렉산더 대왕이 죽은 지 약 400년이 지난 후에 기록되었다.[18] 알렉산더 대왕의 일생에 관한 최초의 전기는 그 대왕이 B.C. 323년에 죽은 후 약 400년이 지나서 아리안과 플루타크에 의해서 쓰였다. 그런데 놀랍게도 현대의 역사가들은 그 기록이 일반적으로 신뢰할 만하다고 여긴다.

### 로마 황제의 역사 기록

만일 우리가 로마 황제의 기록과 예수님의 기록을 비교해 보면 어떻겠는가? 예수의 역사 기록과 로마 황제의 기록을 비교해 볼 수 있는 좋은 사례가 있다. 그것은 티베리우스 황제의 역사 기록이다. 티베리우스 황제는 예수님과 동시대에 살았던 로마의 황제로서,

A.D. 14년에서 37년까지 로마를 다스렸다. 그 황제에 관한 타키투스와 수에토니우스의 기록은 티베리우스 황제가 죽은 후 약 80년이 지나서 기록되었다. 그 황제에 대한 디오 카시우스의 기록은 그의 사후 약 190년 이후에 쓰여졌다.[19] 이처럼 로마의 황제에 관한 기록도 구전되다가 그 황제가 죽은 후 약 80년에서 250년 이후에 기록되었다.

### 예수의 기록

그러나 로마 황제에 비해 도저히 비교가 될 수 없는 이스라엘의 한 무명 청년, 예수에 관한 기록은 언제 쓰였는가? 앞에서 언급한 바와 같이, 예수님에 관한 기록은 그가 죽은 후 약 18년에서 60년 사이에 사복음서를 비롯하여 여러 권의 책으로 완성되었다. 이것은 역사학자라면 누구나 받아들이고 있는 명백한 역사적 사실이다. 이러한 사실은 우리에게 무엇을 말해 주고 있는가? 이것은 예수님의 생애와 가르침을 담은 신약 성경의 역사성은 고대 동·서양의 문헌들 중에서 가장 탁월한 역사적 신뢰성을 가졌다는 사실을 증거하고 있다.

## 3. 성경의 원본 없고 사본만 있다던데, 어찌 믿을 수 있는가?

어떤 사람들은 이런 질문을 한다. "현재 신약 성경의 원본은 남아 있지 않고 원본에서 복사된 사본들만 남아있다고 알고 있는데, 그 사본들이 원래 처음 쓰인 원본들과 일치한다고 어떻게 확신할 수 있는가?" 좋은 질문이다. 그런데 이런 주장은 고대 문서들에 대한 충분한 이해가 부족한데서 비롯되었다고 말할 수 있다. 다시 말해, 지금까지 알려진 일반 고대 문서들은 거의 모두 다 원본이 없다. 신약 성경 뿐만 아니라 다른 고대 모든 문헌들은 원본을 베껴 적은 필사본에 의존하고 있다. 그래서 문제는 신약 성경의 기록이 다른 고대 문서들의 기록들과 비교해 볼 때 얼마나 더 믿을 만한 근거가 있는가? 그리고 신약 성경 필사본끼리 서로 비교해봐서 얼마나 상호 일치점을 가지고 있는가에 대해서 살펴보는 것이 중요하다.

신약 성경의 신뢰성을 알기 위해서는 고대 희랍 세계에서 전해 내려오는 다른 고대 역사 기록물과 비교 검토해볼 필요가 있다. 다른 고대 역사 기록물들은 얼마나 풍부한 신뢰성을 갖고 있을까? 우리가 고대문서들의 신뢰성을 비교 검토하기 위해서는 그 저작물의 저술 연대, 최초 필사본의 기록 시기, 원본과의 시간 간격, 그리고 현재 보존되고 있는 사본의 개수 등을 비교하면서 살펴보는 것이 좋다.

### 원본과 필사본의 시간 간격

우선, 시이저의 갈리아 전쟁~Gallic War~은 B.C. 58년에서 50년 사이에 쓰였는데 아홉 권 또는 열 권의 사본만이 온전히 현존하며, 가장 오래된 사본이 시이저의 시대보다 900년 후에 복사된 사본이다.[20] B.C. 59에서 A.D. 17년까지 살았던 리비~Livy~의 로마 역사서들은 20개의 사본이 남아있고 이들 중에 가장 오래된 것은 4세기에 필사된 것이다.[21] A.D. 100년경에 쓰인 역사가 타키투스~Tacitus~의 역사서 14권은 20개의 사본이 남아있고, B.C. 460년에서 400년까지 생존했던 역사가 투키디데스~Thucydidas~의 책은 8편의 원고만 남아있고 최고로 오래된 사본은 A.D. 900년의 것이다. B.C. 488년에서 428년까지 생존했던 역사가 헤로도투스~Herodotus~의 역사도 마찬가지다.[22] 따라서 투키디데스와 헤로도투스의 저작물들은 약 1,300년 후에 필사된 사본이 현 시대에 남아있다.

여기에 대해서, 저명한 학자 F. F. 부루스~Bruce~는 "오늘날 우리가 사용하는 그들의 역사서들이 원본보다 1,300년 후대의 것이라고 해서 헤로도투스나 투키디데스의 저서들의 신뢰성을 의심하는 고전

학자들은 아무도 없다"[23]고 말한다. 이렇게 원본과 사본의 시간 차이가 심하게 벌어지는 경우는 희랍의 철학자 플라톤이나 아리스토텔레스의 경우도 마찬가지다. 보통 일반 역사의 저작물들은 적게는 몇 백 년에서 많게는 천 몇 백 년 이상의 차이가 있는 것이 보편적 현상이다. 그래도 역사가들은 그 저작물들의 역사성을 의심하지 않는다. 따라서 다른 고대 문서들의 경우 원본과 필사본의 시간차가 엄청나다. 또한 현재까지 보존되고 있는 사본의 수도 매우 적다.

 그러나 신약 성경은 매우 다르다. 4복음서가 대체로 A.D. 60년경에서 90년경 사이에 쓰였다고 본다. 요한복음의 일부가 기록된 최초의 사본의 경우 A.D. 130년경에 필사된 사본이 현재까지 보존되고 있다. 요한복음이 A.D. 90년경에 쓰였다면 우리는 불과 몇 십 년 이내에 필사된 사본을 가지고 있는 것이다. 또한 4복음서의 일부와 사도행전이 포함되어 있는 3세기경의 사본도 있고, 바울의 8개 편지 가운데 많은 부분과 히브리서의 일부가 담겨져 있는 200년경의 사본도 현존한다.[24] 그리고 A.D. 350년에 쓰인 사본에는 신약 성경 전체가 완전히 기록되어 있다. 이것은 최초의 원본과 필사된 사본의 시간 간격이 300년 이내에 불과하다는 것을 말한다. 이러한 사실은 신약 성경이 다른 고대의 문서들에서 전혀 찾아볼 수 없는 놀라운 신뢰성을 가지고 있다는 것을 확실하게 보여주고 있다.

## 사본의 개수

게다가, 신약 성경은 다른 고대 문서들보다도 원본과 필사본의 시간 간격이 엄청나게 짧을 뿐만 아니라, 손으로 베껴 적은 필사본의 숫자도 실로 엄청나다. 희랍어로 된 사본이 최소한 5,664개, 라틴어로 된 사본이 약 10,000개, 그리고 그 외 다른 나라의 언어로 쓰인 사본들이 약 8,000개 정도 된다. 그래서 모두 합쳐서 대략 24,000개 이상의 사본이 현존하고 있다.[25] 이것은 고대의 다른 문서들과 도저히 비교가 되지 않을 숫자다. 예컨대, 다른 고대 문서들은 역사의 사막에 흐르는 강의 물줄기가 실오라기같이 가늘다면, 신약 성경은 그 역사의 강의 물줄기가 한강처럼 넓고 풍부하게 흐르고 있다는 것으로 비유할 수 있다. 그래서 부루스(F.F.Bruce) 박사는 "세상의 문서들 중에서 신약 성경만큼 훌륭한 필사본의 부(富)를 누리고 있는 고대 문헌이 없다."[26]고 했다. 사본이 이렇게 풍부하다는 것은 그리스도인들이 성경을 얼마나 거룩하게 여겼으며 중요하게 생각했는가를 말해줌과 동시에 신약 성경의 신뢰성을 높여준다. 풍부한 사본들은 상호 교차 검증을 통해서 어느 것이 원본에 가까운 내용인가를 찾아내는데도 큰 도움이 된다.

### 사본의 내용적 일치성

그렇다면 수많은 신약 성경의 희랍어 사본들은 그 내용에 있어서 얼마나 서로 일치하고 있는가? 이 문제에 대해서 깊이 연구한 노만 가이슬러Norman Geisler와 윌리엄 닉스William Nix는 "신약 성경은 고대의 어떤 책보다도 더 많은 사본을 가지고 있을 뿐만 아니라, 다른 어떤 책보다도 더 순수한 형태로 즉 99.5퍼센트의 순수성을 가지고 보존되었다."[27]라고 결론 내린다. 이러한 사실은 희랍어를 손으로 필사할 때 실수로 철자 한 자만 바꿔 적어도 뜻이 달라진다는 것과 약 5,000개의 사본들 중에서 한 단어만 철자가 달라도 5,000개의 차이점으로 계산한다는 사실을 고려해 볼 때 신약 성경의 정확성과

신뢰도는 실로 엄청나다고 할 수 있다.[28]

또한, 가이슬러(Geisler)와 닉스(Nix)는 고대 헬라인들의 성경이라고 할 수 있는 호머의 일리아드와 신약 성경을 비교한 원문 편차를 제시한다. 15,600행으로 구성되어 있는 일리아드의 사본들을 분석한 결과 약 5%정도의 원문 편차가 있었다고 한다. 그런데 20,000행으로 되어 있는 신약 성경의 원문 편차는 0.5%에 불과하다. 그리고 신약 성경의 이러한 사소한 차이점은 사본들 사이에 약간의 차이점이 있을 뿐이며, 일반적으로 보면 별로 중요한 차이가 아니라고 브루스 메쯔거(Bruce Metzger) 박사는 말한다.[29] 사실 이러한 사소한 차이점은 우리가 신약 성경을 약 1,000권쯤 손으로 베껴 적을 때 실수로 몇 자씩 잘못 적을 때가 있는 것처럼 아주 평이하게 일어날 수 있는 일이라고 여겨진다.

따라서 신약 성경은 그 내용적인 면에서 전적으로 일치하고 있다고 결론지을 수 있다. 이와 같이, 다양한 배경 속에서 필사된 수많은 사본들이 서로 일치한다는 것은 원래 신약 성경이 쓰인 원본과 사본들이 동일하다는 사실을 증명하고 있는 것이다. 이 말은 원래 예수님의 가르침이 기록된 문서를 통해서 오늘날까지 정확하게 전달되었다는 사실을 의미한다. 따라서 예수님께서 가르친 말씀들은 오늘날 우리들에게 그대로 전달되었다고 결론지을 수 있다.

### 신약 성경의 기록이 가장 탁월하다

위의 사실들을 정리하면, 1) 신약 성경은 고대의 그 어떤 문서들 보다 짧은 시간 안에 문서로 기록되었다. 2) 신약 성경은 원본과 최초의 필사본(현존하는 사본)의 시간 간격이 고대 어떤 다른 창작물들 보다 훨씬 짧은 기간 안에 필사되었다. 3) 신약 성경은 고대 어떤 문서들 보다 훨씬 더 많은 사본들을 가지고 있으며, 그 내용의 일치성도 뛰어나다. 따라서 고대 종교와 문서들 중에서 성경의 기록만큼 정확한 문서는 없다. 다시 말해 고대의 문서 중에서 일반 역사를 가름하는 잣대를 적용해 볼 때, 신약 성경이 가장 신뢰할 만한 역사성을 가지고 있다는 사실이다. 따라서 예수님에 관한 역사 기록은 다른 어떤 고대 인물들 보다 훨씬 더 정확하다고 말할 수 있다.

## 4. 일반 역사에는 예수 기록이 없다?

"일반 역사에는 예수에 관한 기록이 전혀 없잖아요?" 성경 외에는 예수에 관한 기록이 없기 때문에 예수의 가르침을 믿지 못하겠다는 사람들을 간혹 만날 수 있다. 과연 일반 역사에는 예수에 대한 기록이 없을까? 아니다. 신약 성경이 아니더라도 예수의 생애에 대한 기록은 얼마든지 찾을 수 있다. 심지어 신약 성경을 전혀 펼치지 않고서도 예수의 삶과 가르침, 그리고 죽음과 부활에 대해서 명확히 알 수 있다. 예수에 관한 기록을 남긴 대표적 일반 역사가는 유대인 역사가 요세푸스와 로마의 역사가 타키투스, 로마의 지방 총독 플리니와 루기안 등이 있고, 바빌론 탈무드에도 자세한 기록이 나온다.

요세푸스의 '고대사'에 보면, '당시 그리스도라고 불린 예수의 형제인 야고보'의 순교에 대한 기록이 나온다.[30] 요세푸스의 '플라비우스의 증언'에 보면 예수의 일생, 기적, 죽음, 그리고 부활에 대해서도 자세히 다루고 있다.

> 이 당시에 예수라 일컬어지는 지혜로운 사람이 있었다. 만약, 그를 사람이라고 부르는 것이 합법적이라면 지혜로운 사람이라 부를 수 있을 것이다. 왜냐하면, 그는 놀랄만한 기적을 행하는 자였고, 진리를 기쁘게 받아들이는 사람들의 스승이었기 때문이다. 그는 많은 유대인들과 헬라인들을 자기편으로 끌어들였다. 그는 그리스도였다. 빌라도가 우리 중에서 높은 지위에 있는 사람들의 제안으로 예수를 십자가에 처형하라고 선고했을 때, 처음부터 그를 사랑한 사람들은 끝까지 그를 버리지 않았다. 그는 죽은 지 사흘째 되는 날에 살아났다. 이는 하나님의 예언자들이 이미 이 사실과 그 밖의 수많은 기적들을 그에 대해서 예언했기 때문이다. 그의 이름을 따라서 그리스도인이라고 불리는 무리들이 오늘날까지 사라지지 않고 있다.[31]【고대사 (The Antiquities, XV III 33)】

바로 여기에, 예수님의 생애에 대한 자세한 이야기가 기록되어 있다. 그런데, 이 요세푸스의 기록에 대해서 후대 사람이 약간의 구절들을 첨가했다는 주장이 있다. 예컨대, 다음의 구절들이 첨가 되었다고 볼 수도 있다. 1) 만약 그를 사람이라고 부르는 것이 합법적이라면; 2) 그는 그리스도였다; 3) 그는 죽은 지 사흘 째 되는 날에 살아났다. 주로 이 세 부분이 첨가되었다고 주장하는 학자들도 있다.[32]

그러나 유대인과 헬레니즘 분야에서 권위자이며 마이애미 대학의 교수인 에드윈 야마우치 Edwin Yamauchi 박사는 위에서 인용된 요세푸스의 본문이 대체적으로 진실하다는 점에 대해서는 학자들 사이에서 놀랄만한 일치를 보이고 있다고 말한다.[33] 야마우치는 위에서 언급한 세 부분이 없다고 해도 요세푸스의 본문은 원래 예수님에 관해서 중요한 정보를 알려준다고 주장한다. 그는 다음과 같이 주장한다.

> 요세푸스는 예수에 관한 중요한 정보를 확증해 주고 있어요. 즉, 예수는 예루살렘 교회의 순교한 지도자라는 사실입니다. 그리고 몇몇 유대인 지도자들의 선동 때문에 빌라도의 결정 아래 십자가에서 못박혀 죽음을 당했다는 사실에도 불구하고 광범위하고도 지속적인 추종자들을 가진 지혜로운 선생이라는 사실입니다.[34]

이러한 야마우치 박사의 주장은 상당히 합리적이다. 왜냐하면, 초기 그리스도인들은 예수를 가리켜 "지혜로운 사람"이라고 부르지 않았다. 이것은 오히려 기독교 공동체 밖의 사람이 부르는 표현에 가깝다. 아무리 어떤 부분들이 첨가되었다고 해도, 요세푸스의 본문 자체는 예수님에 대한 정보를 알려 주는 것만은 틀림이 없다. 따라서 우리는 예수님이 빌라도의 통치 하에서 예수님은 십자가형을 받고 죽었고, 그 후 많은 예수의 추종자들이 생겨났다는 것만은 부인할 수 없는 역사적 사실이라고 명확하게 말할 수 있다.

또한 로마의 역사가 타키투스가 쓴 '연대기'에는 그리스도가 빌라도에 의해 형벌을 받았고, 십자가 처형이 티베리우스 황제의 통치 기간에 이루어졌으며, 그 신앙이 유대 지역에서 로마에까지 널리 퍼졌다는 사실에 대해 비교적 자세하게 기록하고 있다.

> 네로는 죄인들을 묶어 두고 혐오스러운 행위 때문에 미움을 받는 무리들, 즉, 대중들이 그리스도인이라 부르는 사람들에게 격렬한 고문을 가했다. 그리스도는-그리스도인이란 명칭이 이 사람의 이름을 따라서 붙여진 것인데-티베리우스의 통치기간에 로마의 행정관이었던 본디오 빌라도의 손에 극단적인 형벌을 받았다. 그리고 매우 해로운 미신으로 간주되던 신앙이 당장에는 박해를 받았지만 그 악이 발생한 최초의 장소인 유대지방에서 다시 일어났고, 심지어 로마에서도 생겨났다. 그래서 유죄를 인정한 모든 사람들에 대해 최초로 체포가 행해졌다. 그때 그들의 정보를 바탕으로 엄청난

사람들이 유죄 판결을 받았는데 도시 방화죄 때문이 아니라 인류에 대한 증오 때문이었다.[35]【연대기 (Annals XV 44)】

여기서 타키투스는 몇 가지 중요한 사실을 말하고 있다. 1) 그리스도인이란 이름은 그리스도(예수)에 그 근거를 둔다는 점, 2) 그리스도는 본디오 빌라도의 손에 의해 극단적 형벌을 받았다는 점, 3) 그 십자가 처형이 티베리우스의 통치기간(A.D. 14-37년)에 이루어졌다는 점, 4) 예수의 죽음을 믿는 신앙이 해로운 미신으로 간주되었다는 점, 5) 그 신앙이 최초의 발생지인 유대지방에서 다시 일어났다는 점, 6) 그리스도의 제자들은 로마에 까지 그 신앙을 가져왔다는 점, 그리고 7) 그리스도인들에 대한 체포가 이루어졌다는 점 등이다.[36]

이러한 점들은 신약 성경에서 말하고 있는 내용과 대부분 일치한다. 예를 들어, 1) 그리스도인이란 이름이 그리스도(예수)에 근거를 둔다는 점은, 사도행전 11장 26절에, "제자들이 안디옥에서 비로소 그리스도인이라 일컬음을 받게 되었더라"는 말씀과 일치한다. 2) 그리스도는 본디오 빌라도의 손에 의해 극단적 형벌을 받았다는 점은 마가복음 15장 15절, "빌라도가 무리에게 만족을 주고자 하여 바라바는 놓아 주고 예수는 채찍질하고 십자가에 못 박히게 넘겨주니라." 이것과 일치한다. 3) 예수의 죽음을 믿는 신앙이 해로운 미신으로 간주되었다는 점은, "우리가 보니 이 사람은 염병이라 천하에 퍼진 유대인을 다 소요케 하는 자요 나사렛 이단의 괴수라"(행 24:5); "소리질러 가로되 천하를 어지럽게 하던 이 사람들이 여기도 이르매"(행 17:6), 이 말씀과 일치하고 있다. 따라서 타키투스의 기록은 예수님이 역사상 실제로 있었던 역사적 인물이라는 사실을 잘 뒷받침해 주고 있다.

역사적 예수에 대한 권위자인 게리 하버마스 박사는 『역사적 예수』 The Historical Jesus 라는 책에서 예수의 생애에 관한 고대 자료는 45개가 있다고 밝혔다. 그는 그 책에서 초기 교리적인 자료는 19개, 고고학적 자료들 4개, 비그리스도인의 자료 17개 그리고 5개의 신약 성경을 제외한 초기 그리스도인의 자료들을 일일이 소개하고 있다.

하버마스는 17개의 비기독교인의 역사 자료들을 면밀히 분석한 후 다음과 같이 그 결과를 말하여 주고 있다. 17개 자료 중에서 대다수가 예수의 생애에 대한 관점을 언급하고 있고, 12개 자료가 예수의 죽음에 대해서 기록하고 있다. 그 12개 비기독교인 자료들 중에서 6개가 예수의 신성에 대해서 기록하고 있는데, 예수의 신성에 대하여 직접적으로 언급하거나, 그 당시 그리스도인들이 예수의 신성을 믿었다고 기록하고 있다.[37] 게다가 하버마스는 예수의 생애에 대한 45개의 고대 자료들 중에서 예수님의 실제 생애, 인격, 가르침, 죽음, 부활, 그리고 제자들의 초기 메시지 등을 철저히 분석하였는데, 그 결과 예수님과 관련된 고대 역사의 사건 기록들은 총 129가지나 된다고 말한다. 그는 그의 책을 통하여 이러한 역사적 사건들을 일일이 열거 하고 있다.[38]

이렇게 고대 자료들을 꼼꼼히 분석한 하버마스는 말하기를, "예수님은 단순히 자신에 대한 역사적 자료들을 많이 가졌을 뿐만 아니라, 상당히 많은 분량의 질적인 자료들을 가진 역사적 인물 중의 한 사람이다. 그 분에 대한 자료는 고대에서 가장 공식적으로 언급된 것이며, 가장 입증된 삶을 보여주는 자료 중에 하나이다."[39]라고 결론을 맺고 있다.

또한 보스턴대학의 하워드 클라크 키(Howard Clark Kee) 박사는 신약 성경 외의 자료들을 연구한 후에 다음과 같이 말한다.

> 예수에 관한 전통들이 이 정도로 다양하게 전수되었음에도 불구하고, 이후 인류사에 그토록 심오한 영향을 계속 끼쳐온 이 인물의 생애, 가르침과 죽음에 대한 내용들이 명료하면서도 놀랄 만큼 일관되게 정돈되어 있다는 증거들을 우리는 가지고 있다.[40]

석가모니 부처에 관한 기록은 불경에만 나온다. 공자의 생애는 사마천의 공자 세가에만 나온다. 무함마드의 생애는 이슬람 문서에만 나온다. 그러나 예수에 관한 기록은 신약 성경 뿐만 아니라 고대 일반 역사 문서들 속에서도 풍부하게 나오며 성경의 내용과도 일치한다. 고대 종교 지도자들 중에서 예수만큼이나 다양하고 신뢰성 있는 일반 역사 기록을 가진 인물은 없다.

## 5. 결론 : 예수의 기록은 가장 믿을 만하다

만일 예수님의 역사성을 부인하는 사람이 있다면, 그 사람은 반드시 고대 동·서양의 주요 인물들에 대한 역사적 신뢰성도 모두 거부해야만 할 것이다. 왜냐하면 예수님에 관한 역사적 신뢰성은 고대 어떤 역사적 인물보다도 더 믿을 수 있기 때문입니다. 예수 이야기는 실제 이야기이며, 지금 신약 성경에 기록된 예수님의 말씀은 2천 년 전에 예수께서 가르치시고 말씀하신 그 내용 그대로 기록되었다고 보는 것이 가장 타당하다.

History

제3장

예수님은 하나님의
아들인가요?

# 예수님의
# 정체성은?

　예수와 다른 종교지도자들의 큰 차이점은 무엇일까? 다른 종교 지도자들은 그들의 '가르침'이 중요했다. 석가모니 부처도 그가 깨달은 것을 설파했고, 공자도 그가 깨우친 이치를 가르치고자 했다. 그러나 예수는 그의 가르침도 중요했지만, 그보다 '그가 누구인가?'가 더욱 중요했다. 예수는 권위의 원천을 자신에게 두었다. '내가 곧 길, 진리, 생명이다'(요 14:6), '나를 믿는 자는 죽어도 산다.'(요 11:25), '성경이 내게 대해 증거한다.'(요 5:39) 이렇게 말씀하셨다. 따라서 예수님의 정체성이 그분 가르침의 진위를 결정한다고 볼 수 있다. 예수님은 누구신가?

　댄 브라운이 쓴 「다빈치 코드」에 보면 다음과 같은 내용이 나온다.

"역사에서 예수는 추종자들에게 그저 한 사람의 예언자일 뿐이었다오—위대하고 힘있는 사람이었지만, 그래도 결국 '인간'일 뿐이었지. 죽음을 면할 수 없는."

"신의 아들이 아니고요?"

"그래요. 신의 아들이라는 예수의 위상 수립은 니케아 공의회에서 공식적으로 제기되고 '투표'에 부쳐진 거였다오."

"잠깐만요. 지금 예수의 신성이 투표의 결과라고 말하는 거예요?"[41]

이 소설에 의하면, 예수님은 '인간'일 뿐이었는데, 예수님의 신성이 A.D. 325년 니케아 종교회의에서 투표에 의해 결정된 것이라고 한다. 다시 말해, 4세기 정치인들이 정치적 의도를 가지고 인간 예수를 신의 아들로 조작한 것이라고 주장한다. 그런데 이러한 주장은 소설 속에만 등장하는 것이 아니다. 오래 전에 필자가 미국의 어느 신학대학원에서 신·구약 박사 과정에서 수학하는 두 분 목사님과 논쟁을 벌인 적이 있다.

그 두 사람은 한 목소리로 '예수는 단순히 한 인간일 뿐이고, 초기 교회는 예수를 하나님의 아들 또는 신적인 존재로 믿지 않았으며, 니케아 회의에서 정치적인 의도로 인해 예수의 신성이 결정되었다'고 주장했다. 상당한 충격이었다. 예수님을 단지 한 인간으로 보는 관점은 현대에도 합리주의 관점을 가진 일부 신학자들이 주장하며, '예수 세미나'에서도 이런 주장을 계속해 왔다. 지금 한국에서 대표적인 이단으로 불리는 '신천지'<sup>신천지예수교증거장막성전-교주 이만희</sup>에서는 예수님의 신성을 부인하고, 예수는 하나님의 영이 임한 인간으로 보고 있다. 자유주의 신학에서 주장했던 전형적인 인간 예수를 신천지가 믿고 있다.

# 1. 초기 그리스도인들이 믿었던 예수는?

**예수, 하나님과 동등한 분으로 고백하다!**

정말로 초기 그리스도인들은 예수님의 신성을 믿지 않았으며, 그 분의 신성은 니케아 회의에서 투표로 결정된 것일까? 아니다! 사실 초대교회는 처음부터 예수님을 하나님의 아들로 분명하게 믿었던 것이 확실하다. 필자는 앞에서 소개한 그 두 논쟁자들에게 사복음서의 역사적 신뢰성과 제자들이 예수의 신성을 믿었다는 것을 지적하였다. 또한 사도 바울도 예수의 신성을 믿었으며, 바울 서신에도 예수님의 신성에 대해 언급하고 있는 점을 상기시켜 주었다.

그때 한 목사님이 필자에게 질문하였다. "목사님, 바울 이전에 그리스도인들이 예수를 하나님의 아들로 믿었다는 증거가 없지 않나요? 아주 초기 그리스도인들이 예수님을 신적 존재로 고백한 증거가 어디에 있나요?" 바울 이전의 초기 그리스도인들은 과연 예수님을 누구로 믿고 고백하였겠는가? 그 초기 그리스도인들의 믿음과 고백에 대해서 빌립보서와 골로새서는 이렇게 말한다.

"그는 근본 하나님의 본체시나 하나님과 동등됨을 취할 것으로 여기지 아니하시고 오히려 자기를 비워 종의 형체를 가지사 사람들과 같이 되셨고 사람의 모양

으로 나타나사 자기를 낮추시고 죽기까지 복종하셨으니 곧 십자가에 죽으심이라" (빌 2:6–8)

"그는 보이지 아니하는 하나님의 형상이시요 모든 피조물보다 먼저 나신 이시니 만물이 그에게서 창조되되 하늘과 땅에서 보이는 것들과 보이지 않는 것들과 혹은 왕권들이나 주권들이나 통치자들이나 권세들이나 만물이 다 그로 말미암고 그를 위하여 창조되었고, 또한 그가 만물보다 먼저 계시고 만물이 그 안에 함께 섰느니라" (골 1:15–17)

이 말씀은 예수님의 부활을 경험한 초기 그리스도인들의 신앙 고백이었다. 학자들에 의하면, 이 고백은 예수님의 죽음 이후 불과 2년에서 7년 안에 만들어져 초기 교회에서 찬양시 형태로 예배 때에 널리 불렸다고 한다. 자유주의나 보수주의 신학자들 모두가 이 시가 바울의 창작물이 아니라, 바울 이전의 그리스도인들의 고백임을 인정하고 있다. 바울은 이 찬양시를 회심한 후 예루살렘 방문 시에 배웠으며, 그것을 자신의 편지에 그대로 인용했던 것이다. 이것은 니케아 종교회의보다 약 290년 이전에 고백된 내용이다. 따라서 예수님이 하나님의 아들이라는 믿음은 초기 그리스도인의 고백이요 증언인 것이다. 우리는 이러한 초기 그리스도인들의 신앙 고백에서 '예수님은 하나님과 동등하신 분이요 신성을 가지신 분'이시라는 그들의 고백을 발견할 수 있다. 이런 의미에서 예수님의 제자, 사도 요한은 예수님에 대해 이렇게 증언한다.

"그러나 하나님의 아들이 오셔서 우리에게 깨달음을 주심으로 참되신 하나님을 알 수 있게 하셨습니다. 그래서 우리는 참되신 하나님과 그분의 아들 예수 그리스도 안에 있게 되었습니다. 예수 그리스도는 참되신 하나님이시며 영원한 생명이십니다." (요일 5:20, 현대인의 성경)

뿐만 아니라, 예수님의 생애를 기록한 4복음서는 이미 예수님은 하나님의 아들이라는 사실이 분명하게 기록하고 있다. 이 네 가지 복음서는 325년 니케아 종교회의보다 최소한 200여 년 앞선 기록이다. 그렇기 때문에 예수님의 신성에 대한 신앙 고백은 이미 니케아 종교회의 때보다 훨씬 앞서, 그리스도인들 사이에서 신앙의 중요한 핵심 고백으로 자리를 잡고 있었다.

사도 바울의 서신들에서도 예수님은 하나님의 아들이시요 신성을 가진 하나님이시라는 사실이 구구절절이 배어있고 분명하게 나오고 있다. 또한, 사도 바울 자신도 예수님을 한 인간이 아니라 하나님의 아들로 믿었고, 그 신앙 고백을 위해 자신의 전 생애를 바쳤다. 그리고 사도 바울의 서신들은 예수님이 돌아가신 후, 불과 18년에서 30년 사이에 쓰였다. 사도 바울의 편지를 받으면서 신앙생활을 했던 초기 성도들은 분명히 예수님은 하나님의 아들이라는 사실을 고백했을 것이다. 그들은 예수님을 하나님의 아들로 믿는 믿음 때문에 수많은 박해를 받아야만 했는데, 바로 그들의 신앙고백 때문에 그 엄청난 고난과 박해를 기쁨으로 감수하기도 했다.

**예수 복음 전파의 원인 : 예수는 하나님의 아들!**

예수님이 평범한 한 인간이었다면, 예수님이 십자가에서 죽임을 당한 후에 불과 20-30년도 안돼서 유대지방을 비롯해서 그 당시 지중해 인근 지역에 일어난 예수 운동의 발원을 설명할 길이 없다. 예수님이 죽은 후 예수님을 하나님의 아들로 믿는 사람은 급격하게 늘어갔고, 심지어 로마에 있는 로마 시민들과 황실의 사람들도 믿기 시작했다. 그리고 그들은 그 믿음을 위해 그들의 모든 것을 버리기도 했고 심지어 목숨까지 버렸다. 그래서 네로 황제 때, 로마 대화재 사건의 책임을 그리스도인들이 짊어져야 할 만큼 급격하게 예수의 추종자들은 늘어갔다. 그 숫자는 수만에서 수십만 명으로 추정된다. 예수님이 단지 한 사람의 평범한 인간에 불과했다면, 왜 그토록 많은 사람들이 예수의 죽음 이후에 예수님의 추종자가 되었을까? 여기에 대한 정당한 설명이 있어야 한다.

그 당시 사람들의 눈으로 볼 때 예수님은 다빈치 코드의 주장처럼 '위대하고 힘 있는 사람'이 아니었다. 예수님은 출신부터 시골 변방인 갈릴리의 나사렛 사람이었다. 나사렛 출신은 예루살렘 출신과는 비교될 수 없다. 오죽했으면, 이스라엘의 한 선생인 나다나엘이 "나사렛에서 무슨 선한 것이 날 수 있느냐"(요 1:46)고 반문을 할 정도로 예수님은 그 출신 기반이 약했고, 로마의 역사에 자세히 기록되지 않을 정도로 로마 지도자들을 향해 문젯거리가 되지 않았다. 단지, 많은 사람들이 예수님을 따랐기 때문에 유대 지도자들에게 있어서 예수는 제거해야만 될 위협 인물이었다. 하지만, 사실 예수님은 큰 힘을 가지고 혁명을 일으킨 분이 아니었다. 그저 사람들을 사랑했고 하나님의 말씀을 가르쳤고 병자들을 고치고 필요에 따라 기적을 일으키셨고, 매우 조용하면서도 확실하게 자신의 가르침을 실천하신 분이셨다. 그래서 예수님의 생존 당시 예수 운동은 그렇게 혁명적이고 힘 있는 것이 아니었다.

그런데, 예수님의 죽음 이후에 갑자기 사람들이 거리 곳곳으로 뛰어나와서 예수님은 부활했다고 선포했고 그분은 하나님의 아들이시다고 주장하기 시작했다. 그래서 예수 운동은 사회 문제가 되기 시작했다. 그 폭발적인 힘은 유대와 팔레스타인 지역을 넘어 소아시아 여러 지역과 그 당시 강대국이었던 로마까지 휩쓸기 시작했다. 이 예수 운동의 핵심이 '예수님은 하나님의 아들이시오, 그 분은 죽음을 이기시고 부활하셨다'는 신앙이었다. 이렇게 볼 때, 예수님이 하나님의 아들이라는 신앙 고백은 아주 초창기의 믿음이었고, 예수 운동의 큰 원동력 중의 하나였다는 사실을 발견할 수 있다.

# 2. 예수님은 하나님의
# 아들인가? 그 증거는?

우리가 예수님이 하나님의 아들인가를 알기 위해서는 '성경에 나타난 예수님의 자기 인식은 어떠했는가?' 그리고 '예수님은 과연 신적 속성을 가지고 있었는가?'에 대해서 살펴보는 것이 필요하다.

**예수님의 자의식**

대개 사람들은 남을 속이기는 쉽지만 자기 자신을 속이기는 어렵다. 그렇다면 예수님은 자기 자신에 대하여 어떻게 생각했으며 자신을 누구로 믿고 있었는가?

첫째, 예수님은 자신이 '하나님의 아들'이라는 분명한 자의식을 가지고 있었다. 예수님의 주장을 자세히 살펴보라.

"나와 아버지는 하나이니라" (요 10:30)

"나를 본 자는 아버지를 보았거늘" (요 14:9)

"대제사장이 다시 물어 이르되 네가 찬송 받을 이의 아들 그리스도냐 예수께서 이르시되 내가 그니라 인자가 권능자의 우편에 앉은 것과 하늘 구름을 타고 오는 것을 너희가 보리라" (막 14:61-62)

이 말씀들은 유대인의 사고에서 생각할 때 평범한 사람이 할 수 있는 주장이 아니다. 만일 예수님이 하나님의 아들이 아니라면 이 말은 신성모독에 해당하는 주장이다. 이 말씀에서 볼 수 있듯이 예수님은 자기 자신에 대해서 '하나님의 아들'이라는 분명한 정체성을 가지고 있다. 예수님에 관한 초기 자료들을 꼼꼼히 살펴본 윌리엄 레인 크레이그 교수는 다음과 같이 결론 내린다.

> 그는 특별하게 자신을 유일한 하나님의 아들로 생각하였다. 그는 자신이 신적인 권위를 가지고 행동하며 말한다고 주장하였으며, 자신을 기적을 일으키는 인물로 생각했다. 그리고 사람들의 영원한 운명이 자신을 믿느냐 믿지 않느냐에 달려 있다고 믿었다.[42]

이처럼 예수님은 스스로 하나님의 아들이라는 분명한 자기 인식을 가지고 있었다.

### 예수님이 가진 하나님 속성

둘째, 예수는 하나님의 속성을 가지고 있었다. 예수는 실제로 하나님만 하실 수 있는 주장을 하였고, 하나님만 하실 수 있는 일을 행하였다.

1) 예수는 자신이 죄가 없다고 주장했다. 예수는 "너희 중에 누가 나를 죄로 책잡겠느냐 내가 진리를 말하매 어찌하여 나를 믿지 아니하느냐"(요 8:46)고 말했다. 이처럼 예수는 자신에게 죄가 없다고 단언한다. 이 세상에 감히 어느 누가 자신이 죄가 없다고 떳떳하게 말할 수 있겠는가? 하나님 한 분 외에는 죄가 없다고 주장할 사람은 없다.

2) 예수는 사람의 죄를 용서해 주었다. 예수께서 한 중풍병자에게 "네 죄 사함을 받았느니라"(눅 5:20)고 선언한다. 유대인의 사고로 볼 때 사람의 죄를 용서할 수 있는 분은 하나님 한 분 밖에는 없다. 예수님은 그러한 신적 권위가 본인에게 있다고 말씀하신다.

3) 예수는 많은 기적을 일으켰고, 수많은 병자를 고치셨다.(마 4:23-24; 막 1:34; 눅 4:40 등) 예수님은 물 위를 걸으셨습니다(마14: 25-33). 이 기적을 체험한 사람들은 예수님께 이렇게 고백했다. "배에 있는 사람들이 예수께 절하며 가로되 진실로 하나님의 아들이로소이다."(마 14:33절) 예수님은 물고기 두 마리와 보리떡 다섯 개로 오천명 이상을 먹이는 기적을 베푸셨다.(요 6:1-13) 또한 예수님은 죽은 사람들을 다시 살리셨다.(마 9장, 눅 7장, 요 11장) 이러한 기적들 때문에 짧은 기간에 많은 사람들이 예수님을 따랐던 것이다. 그러한 기적들을 일으키신 분은 분명히 신적 능력을 가지고 계신분이다.

4) 예수는 "나의 주, 나의 하나님"이라는 도마의 고백을 받아들이셨다.(요 20:19-31) 예수님은 자신의 부활을 의심했던 도마를 향해 자신의 손과 옆구리를 직접 만져보라고 했다. 그때 도마는 예수님께, "나의 주시며 나의 하나님이시니이다."라고 고백했다. 예수님은 이 도마의 고백을 그대로 받아들이셨다.

5) 자신만이 하나님께로 갈 수 있는 유일한 통로라고 주장했다. "예수께서 이르시되 내가 곧 길이요 진리요 생명이니 나로 말미암지 않고는 아버지께로 올 자가 없느니라."(요 14:6) 6) 자신을 믿으면 영원한 생명을 준다고 주장하였다. "내가 진실로 진실로 너희에게 이르노니 내 말을 듣고 또 나 보내신 이를 믿는 자는 영생을 얻었고 심판에 이르지 아니하나니 사망에서 생명으로 옮겼느니라."(요 5:24) 7) 마지막 날에 심판하러 다시 온다고 주장했다.(마 25장) 8) 신약 성경에서 예수님을 일컬어 "하나님의 아들"이라는 표현이 약 40번 이상 나오는데, 그 표현은 언제나 예수의 신성과 관련해서 쓰였다. 따라서 우리는 이러한 예수의 칭호를 통해서도 그분의 신적 속성을 분명히 알 수 있다.

### 초기 그리스도인들의 고백

셋째, 예수의 죽음과 부활을 경험한 초기 그리스도인들은 예수님을 하나님으로 고백하였다. 예컨대, 초기 그리스도인들은 예수님에 대한 신앙 고백을 찬양시 형태로 표현했다. "그는 근본 하나님의 본체시나…"(빌 2:6-8), "그는 보이지 아니하는 하나님의 형상이시요 모든 피조물보다 먼저 나신 이시니."(골 1:15) 이처럼 초기 기독교인들은 예수를 하나님으로 경배하였다. 그러므로 이 모든 증거들은 다음 사실을 말해 준다. '역사 속에 사셨던 예수는 스스로 하나님 아들의 자의식을 가지고 계셨고, 신적 능력을 보이셨고, 그분의 죽음과 부활을 경험한 사람들은 예수님을 하나님으로 경배하였다'는 것이다. 결국, 예수께서는 자신을 하나님의 아들로 인식하였고, 하나님의 아들의 칭호를 기꺼이 받아들이셨다.

**예수님의 정체성에 관한 결론 : 예수는 하나님의 아들이다!**

따라서 예수님은 자기 자신에 대해서 '하나님의 아들' 또는 '하나님과 동등한 분'이라는 분명한 정체성을 가지고 계셨다. 또한 예수님은 하나님의 속성을 가지고 계셨고, 하나님만이 할 수 있는 주장을 하였고, 하나님만 하실 수 있는 일을 행하였다. 더욱이 예수의 죽음과

부활을 경험한 초기 그리스도인들이 예수를 하나님으로 고백한 점들을 고려해 볼 때, 예수님은 신적 속성을 가지신 분이며 하나님의 아들이시다고 말할 수 있다.

## 3. 당신의 선택은?

　기독교의 발생과 확장은 역사적 예수의 실체가 아니면 설명될 수 없다. 초기 예수님의 제자들은 부활하신 예수님을 직접 만났다는 확신을 가졌고, 그 부활 신앙 때문에 목숨을 걸었고 그들의 삶이 변화되었다는 사실은 역사적으로 확인할 수 있는 역사적 사실이다.

　기독교는 처음부터 예수라는 역사적 인물과 예수의 죽음과 부활이라는 역사적 사건을 근거로 해서 발생하였다. 뿐만 아니라, 초기의 예수 제자들은 예수님과 그분의 가르침을 통하여 예수님이 하나님의 아들이심을 확신하였고, 하나님의 아들의 죽음과 부활을 목숨 걸고 전파하였다. 이제 우리는 이러한 역사적 사실에 기초해서 예수님의 정체성에 대하여 결론을 내릴 때가 되었다. 예수님의 정체성에 대해서 다음 세 가지 가능성을 생각할 수 있다.

　1) 예수는 정신병자이거나 미친 사람이다.

2) 그는 사기꾼이다.

3) 예수는 하나님의 아들이다.

첫째, 예수님이 정신병자일 가능성은 매우 희박하다. 미국 심리학회 회장을 역임한 게리 콜린스 박사는 예수에게서 미친 사람이나 정신병자의 징후를 발견할 수 없으며, 오히려 예수의 정신 상태는 매우 건강하며 균형이 잘 잡혀있다고 말한다.[43] 지금까지 그 어떤 심리학자도 예수님으로부터 정신병자의 징후를 발견해 내지 못했다.

둘째, 예수님이 사기꾼일 가능성도 매우 희박하다. 예수는 세계 4대 성인 중의 한 분으로 불리고 있으며, 예수의 신성을 부인했던 사람들조차 예수의 인품은 훌륭하다고 평가한다. 기독교를 비판하고 초자연적인 것을 부인하는데 일생을 바친 윌리엄 레키는 "예수는 덕의 최고의 모범이실 뿐만 아니라 가장 강력하게 덕을 실천하도록 자극과 동기를 주신다."[44]고 주장했다. 또한 기독교의 복음을 가장 악의적으로 비판했던 데이빗 스트라우스도 "예수는 도덕적으로 탓할 데가 전혀 없는 완전한 분이셨다."라고 고백하였다. 이처럼 회의주자들도 예수의 도덕성은 의심하지 않았다.[45]

셋째, 예수님이 하나님의 아들일 가능성은 충분하다. 예수는 모든 사람이 존경하는 훌륭한 인품을 갖춘 분으로서, 자기 스스로 하나님의 아들이라고 주장하였다. 예수는 자신이 하나님의 아들이요, 우리의 운명이 자신을 믿느냐 믿지 않느냐에 달려있다고 주장했다. 따라서 우리는 선택해야만 한다. 하나님의 아들인가? 아니면 정신병자인가? 필자는 예수님을 하나님의 아들로 믿는다. 왜냐하면 필자는 예수님의 인품을 믿기 때문에 그분의 주장도 믿는다. 만일 우리가 예수님을 훌륭한 성인으로 인정한다면 반드시 그분의 주장도 믿어야만 할 것이다.

 예수님은 자신을 훌륭한 스승으로만 생각하지 않았으며, 오히려 자신을 신적 존재요, 하나님의 아들로 여기셨다. 지금까지 훌륭한 인격을 가진 사람들이나 위대한 사상가 중에서 아무도 자신이 하나님이라는 주장을 하지 않았다. 또한 자신이 하나님이 아니면서 하나님이라고 주장한 사람들 중에 위대한 스승은 아무도 없었다. 오직 정신병자나 사기꾼을 제외하고 말이다.[46]

**왜 하나님의 아들로 인정하는가?**

우리가 왜 그분을 하나님의 아들로 인정해야 하는가? 그것은 아무도 부인할 수 없는 그분의 인격과 삶 때문에 그분의 가르침과 주장을 믿는 것이다. 역설적으로 오늘날 많은 사람들은 예수님을 위대한 성인으로 인정하면서도 실상은 그분이 어떤 분인가를 잘 모르고 있다. 그분이 성인이라는 사실은 믿으면서도 그분이 주장하신 핵심적인 말씀은 믿지 않는다. 예수님은 결코 자기 자신을 한 사람의 성인으로 말씀하지 않았다. 예수님은 자신을 하나님의 아들이요, 인류의 죄로부터 구원하실 구세주라고 말씀하셨다. 그렇기 때문에 우리는 선택해야 한다. 그분을 정신병자나 사기꾼으로 믿든지, 아니면 하나님의 아들로 믿어야 한다. 이 선택에는 중간지대가 없다. 만일 여러분이 예수님의 인품을 인정한다면 반드시 그분의 주장도 믿어야 할 것이다. 영국의 문학가요, 영국 케임브리지 대학 교수였던 C. S. 루이스는 이렇게 말한다.

> 제가 이런 말을 하는 것은 "나는 예수를 위대한 도덕적 스승으로 기꺼이 받아들이지만, 자신이 하나님이라는 주장만큼은 받아들일 수 없다"는 어리석기 짝이 없는 말을 그 누구도 못하게 하기 위해서 입니다. 우리는 이런 말을 할 수 없습니다. 인간에 불과한 사람이 예수와 같은 주장을 했다면, 그는 결코 위대한 도덕적 스승이 될 수 없습니다. 그는 정신병자-자신을 삶은 계란이라고 말하는 사람과 수준이 똑 같은 정신병자-거나, 아니면 지옥의 악마일 것입니다. 이제 여러분은 선택해야 합니다. 이 사람은 하나님의 아들이었고, 지금도 하나님의 아들입니다. 그게 아니라면 미치광이거나 그보다 못한 인간입니다. 당신은 그를 바보로 여겨 입을 틀어막을 수도 있고, 악마로 여겨 침을 뱉고 죽일 수도 있습니다. 아니면 그의 발 앞에 엎드려 하나님이요 주님으로 부를 수도 있습니다. 그러나 위대한 인류의 스승이니 어쩌니 하는 선심성 헛소리에는 편승하지

맙시다. 그는 우리에게 그럴 여지를 주지 않았습니다. 그에게는 그런 여지를 줄 생각이 처음부터 없었습니다.[47]

하나님이냐, 정신병자냐, 아니면 지옥의 악마냐? 이것만이 우리가 취할 수 있는 선택이라는 루이스 교수의 제안은 참으로 맞는 말이다. 루이스 교수 그 자신이 예수님을 하나님의 아들로 믿지 않았던 회의주의자였고, 오랜 방황 끝에 그는 이성적인 사고를 통해서 예수님이 하나님의 아들인 것을 고백하게 되었다. 우리도 마찬가지로 선택해야만 한다. 예수 그리스도 그분은 여러분에게 있어서 누구인가? 그 분의 말씀에 귀 기울여 보길 바란다.

"이는 모든 사람으로 아버지를 공경하는 것 같이 아들을 공경하게 하려 하심이라 아들을 공경하지 아니하는 자는 그를 보내신 아버지도 공경하지 아니하느니라. 내가 진실로 진실로 너희에게 이르노니 내 말을 듣고 또 나 보내신 이를 믿는 자는 영생을 얻었고 심판에 이르지 아니하나니 사망에서 생명으로 옮겼느니라" (요 5:23–24)

"예수께서 이르시되 빌립아 내가 이렇게 오래 너희와 함께 있으되 네가 나를 알지 못하느냐 나를 본 자는 아버지를 보았거늘 어찌하여 아버지를 보이라 하느냐" (요 14:9)

"예수께서 이르시되 내가 곧 길이요 진리요 생명이니 나로 말미암지 않고는 아버지께로 올 자가 없느니라" (요 14:6)

"예수께서 이르시되 나는 생명의 떡이니 내게 오는 자는 결코 주리지 아니할 터이요 나를 믿는 자는 영원히 목마르지 아니하리라 그러나 내가 너희에게 이르기를 너희는 나를 보고도 믿지 아니하는도다 하였느니라. 아버지께서 내게 주시는 자는 다 내게로 올 것이요 내게 오는 자는 내가 결코 내쫓지 아니하리라. 내가 하늘에서 내려온 것은 내 뜻을 행하려 함이 아니요 나를 보내신 이의 뜻을 행하려 함이니라. 나를 보내신 이의 뜻은 내게 주신 자 중에 내가 하나도 잃어버리지 아니하고 마지막 날에 다시 살리는 이것이니라 내 아버지의 뜻은 아들을 보고 믿는 자마다 영생을 얻는 이것이니 마지막 날에 내가 이를 다시 살리리라 하시니라" (요 6:35-40)

그 어느 누가 감히 이런 주장들을 할 수 있겠는가? 예수 그리스도, 그분은 진실로 하나님의 아들이시다. 그분은 사람의 몸으로 오신 하나님이시다. 예수 그리스도, 그분은 인간의 범죄로 하나님과 단절되고 영원히 죄악으로 말미암아 죽어가는 우리들을 살리시기 위해 인간의 몸으로 이 땅에 오셨다. 그 예수님은 창조주 하나님을 모르고 자기 마음대로 살아가는 사람들에게 다시 한 번 하나님이 살아 계심을 보여 주고, 하나님과의 끊어진 교제를 회복시키기 위해서 이 세상에 오셨다.

그 예수님은 지금도 살아 계셔서 그분을 나의 주, 나의 하나님으로 고백하는 사람들의 삶을 변화시키신다. 마치 2천 년 전에 겁쟁이 베드로와 그 제자들을 변화시키셨고, 의심 많던 도마와 핍박자 사울을 변화시키셨던 것처럼, 그 예수님은 오늘도 우리의 삶 속에 찾아오셔서 우리의 지친 삶에 힘을 주시고 용기를 주시며 능력을 주신다. 자기 스스로가 인생의 주인이 되어 살아갔던 수많은 사람들이 예수님이 우리 인생을 창조하신 하나님이신 것을 깨닫고 믿고 고백했을 때, 그들의 삶이 변화되었다.

## 4. 신앙 간증

여기서 잠시 필자의 개인적인 간증을 하고자 한다. 나는 바다로 멋있게 둘러싸인 바닷가 도시에서 태어나고 자랐다. 내가 태어난 후 몇 년이 지나지 않아서 내 부친께서 병환으로 고생하셨다. 그러다가 초등학교 4학년 때 아버지는 세상을 떠났다. 어린 나이에 아버지의 죽음은 내게 커다란 충격을 주었고, 그 후로는 줄곧 나는 더욱 내성적이면서 열등의식에 시달렸다. 아버지를 잃은 상처 때문인지, 무엇을 해도 늘 자신감이 없었다. 나는 어린 나이에 새벽과 저녁으로 신문 배달을 했는데, 신문 배달을 하면서 세상을 조금씩 알아가기 시작했다.

그때 나는 비록 초등학생이었지만 "나는 왜 이렇게 살아야 되는지?", "나는 왜 내가 하고 싶은 것과 갖고 싶은 것을 가질 수 없는지?"에 대한 고민을 했다. 중학생이 되자 나는 나를 둘러싼 환경에 대해서 불평하기 시작했고, 나의 열등의식은 더욱 심해졌다. 그러면서, "나는 왜 이렇게 살아야 되는가?"라는 질문을 더욱 구체적이고 심각하게 하게 되었다. 나는 늘 조용한 편이었고 내성적이었으며, 자신감이나 꿈을 가지지 못했다. 교회를 종종 다니기는 했지만, 나의 내면적인 상태는 늘 공허하였다.

그러던 어느 날, 교회 중·고등학생을 위한 수련회에 함께 가게 되었다. 나는 그 여름 수련회에서 내 삶의 전환점을 경험하였다. 그때, 강사 목사님께서 로마서 5장 8절 말씀으로 예수님의 복음에 대해서 설명하셨다. "우리가 아직 죄인 되었을 때에 그리스도께서 우리를 위하여 죽으심으로 하나님께서 우리에게 대한 자기의 사랑을 확증하셨느니라." 나는 이 말씀을 들었을 때 내 심령 속에 강한 충격을 받았다. '하나님께서 나를 사랑하셔서 예수님을 보내 주셨고, 그 예수님께서 나의 죄를 대신해서 십자가에 못 박혀 죽으셨구나! 하나님께서는 나를 사랑하시되 죽기까지 사랑하시는구나!' 이 사실을 깨닫게 되었을 때, 나는 내 자신이 한없이 죄인 됨을 깨달았다. 어린 나이에 무슨 죄를 그렇게 많이 지어서 죄인이겠는가만, 내가 지은 도덕적인 죄도 죄지만, 내 인생에 하나님을 모르고 내가 나의 삶의 주인이 되어서 내 마음대로 살아온 것이 죄라는 사실을 심각하게 깨닫게 되었다. 나는 그 수련회 기간 동안, 하나님 없이 내 마음대로 살아온 죄를 하나님께 회개했다. 그리고 나를 사랑해서 십자가에 못박혀 죽기까지 사랑하신 그 사랑의 예수님을 나의 삶의 주인으로 모시면서 살기로 작정했다. 비록 눈물과 콧물로 범벅이 된 얼굴이었지만, 나는 정말로 기뻤다. 왜냐하면, '이 세상에 나를 위해서 죽기까지 사랑해 주시는 분이 계시는구나! 그 예수님이 천지를 창조하신 하나님이시구나! 이제부터는 내 인생에 나 혼자의 힘만으로 살아가는 것이 아니라, 나를 사랑하는 예수님이 함께 하시는구나!' 이런 생각들과 확신들 때문에 감격할 수 있었던 것이다.

내가 내 삶의 주인을 내 자신에서 나를 사랑하는 예수님께 두기로 결단하고 고백한 사건 이후, 나의 삶 속에 현격하게 달라진 것이 있다. 그것은, 내 입에서 내 자신도 모르게 찬양이 흘러나온다는 것이다. 아무리 의도적으로 멈추려고 해도 그때 뿐, 아주 자연스럽게 찬양이 입술을 통해서 흘러나왔다. 그리고는, 내 마음에 열등의식이 사라지기 시작했다. 전에는 내 뒤에 누군가 나를 도와 줄 사람이 아무도 없다고 느꼈는데, 예수님을 주님으로 고백한 후엔 하나님이 나의 든든한 후원자가 되신다는 믿음 때문에 나는 자신감을 가지게 되었다. 그 자신감은 나를 괴롭혔던 열등감을 사라지게 했다.

그때부터 나는 항상 나의 왼손 손바닥에 볼펜으로 뭔가를 적기 시작했다. 세수할 때 지워지면 아침에 또다시 적고, 체육시간에 땀 때문에 지워지면 또다시 적기를 반복했다. 내가 한 것은 손바닥 한 가운데엔 십자가를 긋고 그 밑에 영어로, "I can do it"이라고 적었다. 즉, "예수님 안에서 나는 할 수 있다."라는 믿음을 적은 것이다. 어떤 사람은 이것을 적극적인 사고방식이라고 평할 수 있다. 그러나 나에게는 그것은 하나님의 사랑에 대한 믿음의 표현이었다. '내 인생의 주인은 예수님이시요, 그 예수님 안에서 나는 어떤 것이라도 할 수 있다.'는 믿음의 표시를 매일 같이 반복했다. 거의 고3 졸업반 까지 그렇게 했다.

내가 여기서 말씀드리고 싶은 것은, 적극적인 사고방식이 아니다. 내 인생의 주인이 내가 되었을 때, 그때 나는 내가 도저히 해결할 수 없는 절망을 경험했다. 그런데, 내 삶의 주인을 예수님으로 모시고 그 분이 하나님의 아들이요, 나를 사랑해서 죽기까지 하셨다는 사실을 믿고 그 예수님과의 사귐을 가졌을 때, 나는 인생의 참된 의미와 희망을 발견했다는 사실이다. 내가 예수님을 만난 후부터 나의 인생은 전혀 다른 삶을 살게 되었다고 자신 있게 말할 수 있다.

내가 만난 예수님이 얼마나 확실하고 실제적인 분인지는 경험해 본 사람만이 알 수 있을 것이다. 나는 내가 예수님을 나의 삶의 주인으로 고백한 후, 그때부터 미국 유학생활을 거쳐서 한국에서 목회를 하고 있는 지금까지 이루 말할 수 없는 하나님의 구체적인 도우심과 인도하심을 경험했고 또 경험하고 있다. 신학생 시절부터 지금까지 공부해 오면서 학비 때문에 어려울 때도 많았지만, 신실하신 하나님께서는 그때마다 나의 기도에 구체적으로 응답해 주셨다. 한국에서 대학(B.A.)과 대학원(M. Div.) 공부를 마치고, 얼마 안 되는 돈을 가지고 미국 유학을 갔다. 유학의 시작부터 유학을 마치고 한국으로 돌아올 때까지 15년을 미국 유학과 이민 목회를 하면서, 나의 학업과 생활비 등을 위해서 기도했을 때마다 구체적인 하나님의 응답을 체험하였다. 나는 미국에서 신학석사(Th.M.)와 변증학 석사(M.A.), 그리고 목회학 박사(D. Min., 지성적 영성전공) 과정을 졸업했는데, 이 모든 과정 속에 하나님의 구체적인 도우심을 경험했다. 미국에서 담임목사로 10년 동안 사역하면서 신실하신 하나님의 돌보심을 경험했다. 내가 중학교 2학년 여름 수련회 때 예수님을 인격적으로 만난 이후, 신실하신 하나님은 연약한 나의 삶에 함께 하셔서 언제나 용기와 희망과 사랑을 공급해 주셨다. 하나님께서는 나의 삶을 변화시켜주셨다. 나는 지금도 하나님께서 주시는 사랑과 은혜로 삶의 소망을 가지고 감사하며 살아가고 있다. 비록 내 자신은 대단한 사람은 아니지만, 예수님을 믿고 참된 인생의 목적을 위해 의미 있는 삶을 살고 있다고 확신한다.

과연 누가 열등의식 속에서 자신감을 잃고 자신의 환경을 원망했던 그 한 소년의 삶을 변화시켰는가? 과연 어떤 분이 이 소년에게 삶의 희망과 인생의 의미를 가져다주었는가? 바로 살아 계신 예수 그리스도 그분이다. 하나님의 아들, 예수 그리스도 그분이시다! 그분만이 우리를 변화시킬 수 있다. 그분만이 우리에게 삶의 의미를 주신다. 예수님은 이 세상에 실제로 존재하셨다. 그분은 미친 사람도 아니요, 사기꾼도 아니다. 그분은 살아계신 하나님의 아들이며, 인간의 몸으로 오신 하나님 그분이었다. 이 글을 읽고 있는 여러분도 이런 고백을 하길 진심으로 바란다.

"예수님, 주님은 진실로 나의 죄를 대신해서 십자가를 지신 분입니다."
"주님, 당신은 진실로 나의 주님입니다."
"예수님, 제가 주님을 나의 주 나의 하나님으로 고백합니다."

"일찍이 하나님을 본 사람이 없으나, 아버지의 품속에 계시는 독생자이신 하나님이 그분을 나타내 보이셨다." (요 1:18, 표준 새번역)

"하나님의 사랑이 우리에게 이렇게 드러났으니 곧 하나님께서 당신의 독생자를 세상에 보내 주셔서, 우리로 하여금 그로 말미암아 살게 해주신 것입니다. 사랑은 여기 있으니, 곧 우리가 하나님을 사랑한 것이 아니라, 하나님께서 우리를 사랑하셔서 당신의 아들을 보내 주시고, 우리의 죄를 속하여 주시려고 속죄제물이 되게 해주신 것입니다." (요일 4:9-10, 새번역)

제4장

예수님의 부활은
역사적 사실인가요?

!

'예수의 부활은 허구인가? 아니면 역사적 사실인가?' 이것은 기독교 신앙의 핵심에 관한 질문이다. 부활절 시기에 선포되는 교회 강단의 메시지 중에서 '예수님의 부활은 역사적으로 따지고 믿을 수 있는 것이 아니라, 그냥 믿음으로 믿어야만 하는 것이다.'는 말씀을 흔히 들을 수 있다. 그런데 이 말은 자칫 예수의 부활은 역사적 사실이 아니며, 예수 부활 사건은 인간의 이성으로 받아들일 수 없는 것처럼 여겨질 수 있는 위험이 있다.

지난 20세기에 영국의 철학자들 중에서 무신론에 가장 열성적으로 헌신한 사람은 앤서니 플루(Antony Flew)이다. 그는 전 생애를 무신론을 옹호하는 데 바쳤다. 플루는 하나님의 존재도 부인했고, 예수의 부활도 믿지 않았다. 그랬던 그가 지난 2004년 초에 하나님의 존재를 믿는 유신론자로 돌아섰다. 그 이유는 하나님의 존재를 믿는 것이 더 합리적이라는 것을 깨달았기 때문이라고 했다. 그는 예수의 부활에 대해서도 이렇게 고백했다.

> "예수 부활의 증거들은 다른 어떤 종교에서 주장하는 기적들보다 더 월등하다. 부활의 증거는 대부분 다른 기적 사건들에서 제시한 증거들과는 양적으로나 질적으로 비교가 안 될 정도로 다르다고 생각한다."[48]

예수의 부활을 누구보다 철저히 부인했던 철학자가 예수 부활의 증거들을 인정한 것은 놀라운 일이다.

과연 무엇이 플루 박사로 하여금 예수의 부활에 대해 긍정적인 시각을 갖게 하였을까? 예수 부활에 대한 믿을만한 역사적 증거들이 있는가? 거의 모든 역사가들이 동의하는 예수 부활에 대한 4가지 역사적 사실들이 있다.

# 1. 첫 번째 역사적 사실 :
# 예수는 십자가에서 못 박혀 죽은 후 무덤에 묻혔다

예수가 실제로 죽었고, 무덤에 묻혔다는 사실에 대해서는 모든 학자들이 인정하며 논란의 여지가 없다. 심지어, 지난 세기의 신약 성서 학자로서 성경의 역사성에 가장 회의주의적 입장을 취했던 루돌프 불트만<sub>Rudolf Bultmann</sub> 조차도 마가복음에서 예수님이 무덤에 장사되는 장면은 전설적인 요소가 전혀 없는 역사적인 보고라고 평가하고 있다.[49]

# 2. 두 번째 역사적 사실 : 예수의 무덤은
# 빈 무덤으로 발견되었다

예수의 죽음과 부활을 기록한 4복음서 모두 예수의 무덤이 비어 있었다고 증언하고 있다.(막 16:5-6, 마 28:5-6, 눅 24:5-6, 요 20:6-7) 혹자는 예수의 제자들이 시신을 훔쳐갔다고 의심할 수 있을 것이다. 하지만 이 주장은 설득력이 없다. 그 이유는 이러하다.

### 병사들이 무덤을 지켰다

1) 병사들이 예수의 무덤을 지키고 있었기 때문에 시체를 훔쳐갈 수 없었다.(마 27:62-66)

(62)그 이튿날은 준비일 다음 날이라 대제사장들과 바리새인들이 함께 빌라도에게 모여 이르되 (63)주여 저 속이던 자가 살아 있을 때에 말하되 내가 사흘 후에 다시 살아나리라 한 것을 우리가 기억하노니 (64)그러므로 명령하여 그 무덤을 사흘까지 굳게 지키게 하소서 그의 제자들이 와서 시체를 도둑질하여 가고 백성에게 말하되 그가 죽은 자 가운데서 살아났다 하면 후의 속임이 전보다 더 클까 하나이다 하니 (65)빌라도가 이르되 너희에게 경비병이 있으니 가서 힘대로 굳게 지키라 하거늘 (66)그들이 경비병과 함께 가서 돌을 인봉하고 무덤을 굳게 지키니라

### 제자들이 당황했다

2) 갑작스런 스승의 죽음에 당황했던 제자들이 안식일을 어기면서까지 시신을 훔쳐가야만 하는 좋은 이유가 없었고 그런 모의를 꾸밀만한 여유가 없었다.

### 시신을 훔쳐갈 좋은 이유 없다

3) 유대인들은 시신을 중요시 여겼기 때문에 무덤에 잘 안장된 스승의 시신을 훔쳐가서 함부로 훼손시킬 좋은 이유가 없다.

### 거짓을 위해 가족을 희생시킬 바보는 없다

4) 게다가 제자들이 예수의 시신을 훔쳐 낸 후에 '예수께서 죽은 것이 아니라 살아났다'고 거짓말을 퍼뜨렸다면, 그 제자들이 자신들이 꾸며낸 거짓말 때문에 스스로의 목숨을 걸어야만 하는 좋은 이유가 없다. 심지어 자신의 거짓말 때문에 가족까지 희생시키는 사람은 없을 것이다. 따라서 제자들이 예수의 시신을 훔친 후 거짓으로 부활을 주장했다는 말을 믿을 타당한 이유를 발견할 수 없다.

### 최초의 목격자는 법적 효력 없었던 여인들이었다

5) 빈 무덤을 발견한 최초의 목격자는 여인들이었다. 1세기 당시 유대사회에서 여자는 증인으로서의 법적 효력이 없었다. 그런데 왜

4복음서는 법적 효력이 없는 여인들을 빈 무덤의 목격자로 제시하고 있는 걸까? 이것은 성경이 역사적 사실을 그대로 기록해 놓았다는 좋은 증거이다. 이러한 이유로 인해, 대부분의 비평적 학자들은 예수님의 무덤이 빈 무덤으로 발견되었다는 사실에 대해서 인정한다.[50]

J. D. G. 던 J. D. G. Dunn 은 단호하게 말하기를 "나는 그 무덤이 비어있었다는 가능성을 상당히 강하게 말해야만 한다. 역사적 복원의 관점에서 볼 때, 그 증거의 무게는 확고하게 그 결론을 말해준다."[51]고 했다. 또한 역사가 마이클 그랜트 Michael Grant 는

> "일반 역사를 연구하는 보통 역사적 잣대를 가지고 이야기 한다면, 역사가는 정당하게 그 빈 무덤을 부인하지 못할 것이다. 그 증거들은 무덤이 실제로 빈 무덤이었다는 사실을 필연적으로 결론짓기에 충분하다."[52]

라고 주장한다. 따라서 역사가들의 견해를 종합해 볼 때 빈 무덤은 역사적 사실이다.

## 3. 세 번째 역사적 사실 : 예수의 제자들이 부활한 예수를 만났다고 주장하였다

개인과 그룹이 여러 번 부활하신 예수를 보았다고 증언한다.

> 1) 막달라 마리아와 다른 여자들에게 나타나심(요 20:10-18; 마 28:8-10)
> 2) 엠마오 도상의 두 제자들에게 나타나심(눅 24:13-32)
> 3) 열한 제자를 포함한 여러 사람에게 나타나심(눅 24:33-49)
> 4) 도마를 제외한 열 사도와 다른 사람들(요 20:19-23)
> 5) 도마와 다른 사도들(요 20: 26-30)
> 6) 제자들에게 나타나심(마 28:16-20)
> 7) 승천하기 전에 감람산에서 사도들과 함께 계심(눅 24:50-52; 행 1:4-9)

예수 제자들의 부인할 수 없는 확신은 '우리가 부활하신 예수님을 직접 눈으로 보았노라' 이것이었다. 이런 주장을 하는 사람은 한두 사람이 아니었다. 오백 명도 넘었다.(고전 15:6) 수많은 사람들이 부활하신 예수를 직접 만났다고 증언하였다. 부활하신 예수를 만났던 사도 바울은 수많은 사람들이 부활하신 예수를 만났다는 사실에 대해서 이렇게 증언한다.

(3)내가 받은 것을 먼저 너희에게 전하였노니 이는 성경대로 그리스도께서 우리

죄를 위하여 죽으시고, (4)장사 지낸 바 되셨다가 성경대로 사흘 만에 다시 살아나사 (5)게바에게 보이시고 후에 열두 제자에게와 (6)그 후에 오백여 형제에게 일시에 보이셨나니 그 중에 지금까지 대다수는 살아 있고 어떤 사람은 잠들었으며, (7)그 후에 야고보에게 보이셨으며 그 후에 모든 사도에게와 (8)맨 나중에 만삭되지 못하여 난 자 같은 내게도 보이셨느니라. (고전 15:3-8)

그들은 그 확신 때문에 목숨 걸고 예수의 부활을 증거하였다. 제자들의 이러한 확신과 증거들 때문에 거의 대부분의 학자들은 예수의 제자들이 부활한 예수님을 직접 만났다는 확신을 가지고 있었다는 점에 대해서 동의하고 있다.[53] 심지어, 현대의 회의주의 학자들조차도 예수 제자들이 부활한 예수를 만났다는 굳건한 확신을 가지고 있었다는 사실에 동의한다.[54]

예컨대, 회의주의자 바트 어만(Bart Ehrman)은 "우리가 완전한 확신을 가지고 말할 수 있는 것은 좀 늦은 시간에 그의 제자 중 몇몇은 예수가 그들에게 보이셨다고 주장을 했다는 것이다. 이것이 공개적인 기록인 이상 당연히 역사가들은 예수 부활에 대한 믿음을 어떤 형태로 말하든지 간에 별 어려움이 없다."[55]고 단언한다. 심지어 예수의 부활은 전설이라고 주장한 게르드 뤼데만(Gerd Ludemann)조차도 결론적으로 말하기를 "베드로와 제자들이 예수의 죽음 이후에, 부활한 그리스도 예수가 그들에게 나타났다는 경험을 가진 것은 아마도 역사적으로 확실성을 가질 것이다."[56]라고 말했다.

따라서 예수의 부활을 의심하는 학자들조차도 예수 제자들이 부활한 예수를 만났다는 확신을 가진 것은 역사적 사실로 받아들인다고 말할 수 있다. 영국의 저명한 신학자인 마이클 그린은 다음과 같이 주장한다.

> 예수님의 출현은 고대의 어떤 사건보다도 믿을 수 있는 사건이다. 합리적으로 볼 때, 예수님께서 출현하셨다는 데에는 의심의 여지가 없다. 초기 그리스도인들이 예수님의 부활을 확신했던 이유는 바로 이것이다. '우리가 살아나신 주를 보았노라.' 그들은 확신을 가지고 그렇게 고백했다. 그들은 바로 그가 예수님이라는 사실을 알고 있었다.[57]

그러므로 예수 제자들은 예수님의 죽음 이후에 부활하신 예수님을 만났다는 경험에 대한 확신을 가지고 있었다고 말할 수 있다. 이들은 어떻게 이런 확신을 가질 수 있었을까? 실제로 부활하신 예수님이 제자들에게 나타났다는 설명 이외에 다른 설득력 있는 설명은 없다.

## 4. 네 번째 역사적 사실 : 부활한 예수를 만난 경험 때문에 그 제자들의 삶이 급격하게 변화되었다

흩어졌거나 몸을 숨겼던 제자들이 부활하신 예수를 만난 후 갑자기 완전히 달라졌다. 그들은 목숨을 걸고 예수 부활을 증거하였다.

"이 예수를 하나님께서 살리셨습니다. 우리는 모두 이 일의 증인입니다." (행 2:32, 새번역)

"그러므로 이스라엘 온 집안은 확실히 알아두십시오. 하나님께서는 여러분이 십자가에 못박은 이 예수를 주님과 그리스도가 되게 하셨습니다."(행 2:36, 새번역)

그 제자들은 부활한 예수를 만난 경험 때문에 그들의 삶이 급격하게 변화되었다. 이 사실은 모든 학자들이 인정하고 있는 역사적 사실이다.

지금까지 살펴본 것을 정리하면,

> 1. 예수는 십자가에서 죽어서 무덤에 묻혔다.
> 2. 사흘 후에 예수의 무덤은 빈 무덤으로 발견되었다.
> 3. 예수의 부활 후에 수많은 사람들이 부활하신 예수를 만났다고 증언하고 있다.
> 4. 예수의 제자들은 부활한 예수를 만난 경험 때문에 그들의 삶이 급격하게 변화되었다.

이 네 가지 사실들은 그 누구도 부인할 수 없는 역사적 사실이다. 그렇다면, 이 네 가지 확실한 역사적 사실들에 대한 가장 합리적인 설명은 무엇인가? 이러한 역사적 사실들을 설명하는 가장 합당한 대답은, 초기 제자들이 확신했던 바대로, "예수님은 죽음에서 부활했다."는 답변뿐이다. "하나님께서 예수를 죽음에서 살리셨다!", "예수님은 실제로 부활하셨다!" 이것 외에 다른 설득력 있는 설명은 없다.

**거짓을 위해 목숨 버리는 사람은 없다!**

사람들은 누구나 거짓말을 할 수 있다. 그러나 그 거짓을 위해서 자신의 목숨을 버리는 사람은 없다. 심지어 테러범일지라도 자신이 하는 일이 옳다고 생각하기 때문에 테러를 자행한다. 이처럼 거짓을 위해서 목숨을 버릴 사람은 아무도 없다. 예수의 제자들이 예수의 부활을 목격하지 않았으면서 '부활한 예수를 보았노라'고 거짓을 전파한 후에, 그 거짓을 위하여 자신의 목숨을 버렸다고 생각할 적절한 이유를 발견할 수 없다. 제자들은 실제로 예수의 부활을 목격하였다고 보는 것이 가장 합당한 설명이다. 예수의 부활, 믿을만 한 증거가 있는가? 네 가지 역사적 사실들은 당신에게 분명하게 말해 주고 있다.

### 예수 부활은 전설?

혹자는 예수의 부활은 역사적 사실이라기보다는 신화나 전설이라고 주장한다. 하지만, 전설이나 신화를 연구하는 학자들에 의하면 하나의 역사적 사건이 신화로 발전되기 위해서는 최소한 두 세대의 시간이 걸린다고 한다. 영국 옥스퍼드 대학 출신으로 그리스-로마 역사 연구에 명망있는 A. N. 셔윈-화이트(A.N.Sherwin-White)는 "하나의 역사적 사건이 입으로 전해져서 역사적 진실을 뛰어 넘어 전설적인 경향성을 보이게 되는 데는, 심지어 두 세대도 너무나 짧은 기간이다."라고 말한다.[58] 지금까지 그리스-희랍 신화와 역사 속에서 60년 이내에 어떤 사건이 전설이나 신화로 발달된 증거는 없다고 한다.[59]

그런데 예수의 죽음과 부활을 기록한 신약 성경은 언제 쓰였는가? 신약 성경은 예수의 죽음과 부활 후 약 18년에서 60년 사이에 기록되었다. 따라서 여기에 신화가 발생될 시간적 여유가 없었다.

예수의 생애와 가르침을 담은 신약 성경은 신화나 전설이 발생할 역사적 틈이 없다. 이런 근거로 인해 셔윈 화이트는 "역사를 통해서 복음서의 내용을 그토록 빠르게 완전히 왜곡시킬 정도로 전설이 발전했을 가능성은 전혀 없다."[60]고 단언했다.

예수의 부활을 역사적 사실로 믿을만한 충분한 근거가 있다. 예수의 부활은 역사적으로 일어난 실제 사건이다. 그래서 예수의 부활을 목격한 초기 그리스도인들은 "우리가 살아나신 주를 보았노라."고 외쳤다.

### 부활은 과학적으로 믿을 수 없다?

전에 미국에서 모 신학대학 교수님을 만난 적이 있다. 그 교수님과 식사하면서 대화를 나누는 중에 이런 말을 들었다. "나는 예수님의 부활을 믿지 않습니다. 왜냐하면 부활은 과학적 사고로 믿을 수 없기 때문입니다." 충격이었다.

과연 예수의 부활은 과학적 사고로 믿을 수 없는 것인가? '과학적 사고로 믿을 수 없다'는 주장에서 '과학적 사고'란 어떤 사상을 말하는 것인가? 이 주장에서 말하는 과학적 사고란 순수한 의미에서 과학적 사고가 아니다. 여기서 과학적 사고란 자연주의 철학을 바탕으로 한 과학적 사고를 말하는 것이다. 다시 말해서, 무신론적이며 진화론적 사고에 근거한 과학을 말한다.

그런데 과학적 사고는 무신론적 입장에 근간을 둔 것만 있는 것이 아니다. 과학의 긴 역사에 있어서는 유신론적 과학적 사고가 더욱 더 탄탄한 뿌리가 형성되어 있다. 원래 플라톤이 대화록에서 과학적 사고를 말할 때, 그는 신의 영역을 인정하면서 설계와 창조 개념의 중요성을 말했다. 이러한 유신론적 사고가 신플라톤주의나 스토아 사상으로 이어졌고, 중세의 과학에서도 설계와 초자연적 이성 개입의 개념을 인정하였다. 계몽주의 시대와 근대의 과학자들도 유신론적 세계관으로 과학을 했다. 케플러, 갈릴레오, 데카르트 그리고 뉴턴도 과학에서 신의 섭리를 인정하였다. 또한 19세기 말과 20세기 초의 수많은 서구 유명대학 과학자들은 유신론적 사고로 과학적 연구에 몰입하였다. 따라서 하나님의 섭리를 인정하는 유신론적 과학은 오랜 과학의 역사에서 거의 항상 과학으로 인정되어 왔다.

그렇다면 언제부터 과학에서 무신론적 과학이 주류를 형성하게 되었는가? 다윈의 진화론과 자연주의 철학이 결합되면서 사람들은 '방법론적 자연주의'만 과학으로 인정하게 되었다. 방법론적 자연주의란, '이 세상에 하나님은 존재하지 않기 때문에 이 세상의 자연현상들을 실험하고 설명할 때 반드시 자연현상 안에서 자연적 요인으로만 설명해야만 한다.'는 것이다. 이것만이 과학이며 하나님의 섭리와 개입을 배제하는 것이 과학이라고 주장하였다. 이러한 무신론적 과학사고가 20세기 초, 중반에 주류를 형성하면서 유신론적 과학은 뒷전으로 밀리게 되었다.

이와 같은 시대적 상황 변화에 따라 '부활은 과학적 사고로 믿을 수 없다.'는 주장은 무신론적인 과학적 사고에 근거를 두고 있는 것이다. 무신론적인 과학 사고로 본다면 눈앞에서 홍해가 갈라지고, 죽은 사람이 살아나더라도 그런 현상에 하나님의 역사를 말해서는 안 된다는 것이다. 그러나 하나님의 존재를 인정하는 유신론적 사고에서 볼 때, 하나님이 존재하기 때문에 죽은 사람의 부활은 당연히 가능하며 지극히 합리적인 믿음이다. 유신론적 과학의 입장에서, 예수 부활을 믿는 것은 지극히 합리적인 신앙이다. 그러므로 이세상에 하나님이 존재한다면, 예수님의 부활은 매우 타당한 일이라고 말할 수 있다.

부활을 과학적으로 믿을 수 있는가? 이 질문은 무신론적 사고냐? 유신론적 사고냐에 따라서 그 대답이 달라질 수 있다. 이것은 역사적 탐구에 합당한 질문이 아니라 철학적 탐구에 속한 질문이다. 따라서 이 질문은 예수 부활의 역사적 사실을 밝히는 데 타당한 질문이 아니다.

### 예수 부활은 역사적 사실이다!

예수 부활에 대한 역사적 증거들을 살펴본다면, 예수의 부활은 충분히 역사적 사실로 판단할 수 있다. 그리스도인이 세속적인 시각으로 세상을 바라본다면 거짓에 속고 그 영혼도 망한다. 하지만, 성경적 세계관으로 세상 살기를 훈련한다면 우리는 가장 그리스도인다운 삶을 살 수 있을 것이다. 예수의 부활은 인류의 역사적 사건들 중에서 가장 믿을만한 사건이다. 예수 부활을 믿을 때 당신의 운명이 바뀌게 된다. 당신은 예수님의 부활이 믿어지는가? 부활하신 예수님이 당신의 마음 중심에 사시고 계시는가?

제5장

왜 예수님만
믿어야 하나요?

!

김 박사 "목사님, 저는 하나님이 계시다는 것에 대해서 확신합니다."

박 목사 "아, 그래요."

김 박사 "그런데 목사님! 저는 사실 아직도 꼭 예수님만 믿어야 구원받는다거나 하나님께 갈 수 있다고 생각하지 않습니다."

박 목사 "왜 그렇게 생각하세요?"

김 박사 "사실, 모든 종교는 나름대로 다 진리를 가지고 있지 않습니까? 하나님께 가는 길은 꼭 예수님 한 분이라고 볼 수는 없지 않을까요? 꼭 예수님만 믿어야 구원받는다고 주장하는 것은 너무 편협하고, 교만한 생각이 아닐까요?"

위의 대화는 카이스트<sub>KAIST</sub>에서 화학공학 분야로 박사학위를 취득한 후 미국 모 대학의 후기 박사 과정에서 연구했던 김 모 박사와 필자가 나누었던 실제 대화이다. 김 박사가 필자로부터 '하나님은 과연 존재하는가?'라는 주제로 여러 번의 강의를 들은 후에 한 질문이었다. 오늘날 많은 지성인들은 '모든 종교는 나름대로 다 진리를 가지고 있다. 따라서 하나님께 가는 길이 꼭 예수 한 분이라고는 볼 수 없다. 오히려, 꼭 예수만 믿어야 구원받는다고 주장하는 것은 너무나 편협한 생각이고 교만이다.'라고 생각하는 경향이 있다.[61]

# 1. '예수만이 구원' 편협하고 오만한 것인가?

과연 예수만이 유일한 길이라고 믿는 것이 편협하고 오만한 생각일까? 포스트모던 시대에 대중으로부터 인정을 받는 가치는 '관용'이다. 관용의 사전적 의미는 '너그럽게 용서하거나 받아들인다.'는 뜻이다. 그런데 이 관용의 의미가 오늘날에는 '모든 진리는 똑같다. 모든 것이 다 나름대로 진리다. 우리는 모든 것을 포용해야 한다.'는 방식으로 사용되고 있다. 따라서 이 시대 최고의 미덕은 다른 사람의 생각과 죄에 대한 관용이고, 유일한 악덕은 편협함이라고 여긴다.

이런 상황에서 볼 때 기독교인들의 '예수만이 진리'라는 주장이 독선적이고 편협한 것이라는 비난은 어찌 보면 당연한 것일지 모른다. 진리의 유일성을 주장하는 기독교는 배타적이고 비관용적이라는 평가를 받고 있다. 과연 예수만이 유일한 구세주라는 주장은 편협하고 오만한 생각일까? 사실 그동안 일부 기독교인 중에는 '예수의 유일성'을 잘못 이해하여 극단적인 혐오 행위를 간간히 자행하기도 하였다. 그것은 비난받아 마땅하다.

### 관용의 정신은 논리적인가?

그러나 이 시대 관용의 정신은 과연 논리적이고 합당한 것일까? 오늘날 관용의 정신은 비논리적이고 자기모순에 빠져있다. 예컨대 A씨가 "나는 예수만이 유일한 구원의 길이라고 믿는다."고 말했다 하자. 여기에 대해 B씨는 "당신의 생각은 비관용적이고 배타적인 생각이오. 다른 종교의 주장도 포용해야 진짜 종교지요."라고 반박했다. 여기서 A씨는 분명히 배타적이다. 그렇다면 B씨의 주장은 어떠한가? 그는 모든 것을 수용하고 있는가? 아니다. B씨 또한 A씨에 대해 배타적이다. B씨의 논리에 의하면, 누구든지 자신의 것이 진리라고 주장한다면 그것은 자동적으로 편협한 생각이 되는 것이다.

### 모든 종교는 배타적 교리를 갖고 있다

사실 모든 종교는 각자 배타적인 교리를 가지고 있다. 이슬람교, 불교, 힌두교, 기독교 등 각 종교는 자신의 교리가 진리라고 믿으며 핵심 교리는 타협하지 않는다. 예컨대 모슬렘은 꾸란 만이 하나님의 유일한 계시라고 믿는다. 불교는 힌두교의 경전인 베다의 권위를 수용하지 않고, 힌두교에 대해 배타적이다. 그리고 힌두교도 절대 타협하지 않는 세 가지 교리가 있다. 그들은 업보의 법칙, 베다의 권위, 그리고 윤회 사상이 양보할 수 없는 진리라고 주장한다.[62] 이렇게 볼 때 세계 주요 종교들은 자신들의 교리가 진리라고 믿고 주장한다. 그렇다면 이 모든 종교들이 다 편협하고 오만하다고 말할 수 있는가?

### 진정한 관용의 정신

철학자 J. P. 모어랜드에 의하면, 전통적으로 관용의 의미는 모든 것을 다 수용해야 한다는 뜻이 아니라 "비록 내 생각에 상대의 견해가 매우 잘못되었고 내가 그것에 열렬히 반대할지라도 나는 상대의 견해를 말할 수 있는 권리를 보장해 주겠다."[63]는 것이라고 했다. 즉 관용은 상대의 견해를 말할 권리를 존중한다는 의미다. 이런 진정한 관용의 정신에 의하면, 예수만이 진리라고 주장한다는 것만으로 오만하다고 말할 수는 없는 것이다. 문제는 기독교의 진리 주장을 뒷받침해 줄 수 있는 합리적인 이유를 제시할 수 있는가 하는 것이다. 따라서 만일 기독교가 예수의 유일성에 대한 합당한 이유들을 가지고 있다면 그 주장은 편협한 것이 아니다.

## 2. 종교 다원주의의 도전과 모순점

**모든 종교는 동일한 하나님께로 가는 길인가?**

    기독교를 편협하다고 비판하는 지성인들 중에는 "예수만이 하나님께로 가는 유일한 길이다."는 말에 강한 거부감을 갖고 있는 사람들이 있다. 그런 부류의 사람들을 소위 '종교 다원주의자'라고 한다. 종교 다원주의자들은 '모든 종교는 하나님께로 혹은 궁극적 실재로 가는 길이며 매개체이고 창구'라고 주장한다. 그들은 모든 종교는 똑같이 선하고 똑같은 진리를 말한다고 한다. 모든 종교는 절대자에 대한 표현 방식이 각기 다를 뿐이지 결국은 동일한 하나님에 대해 말한다고 주장한다.

    종교 다원주의자들은 종종 그들의 가설을 등산에 비유한다. 산 정상을 향해 올라가는 길은 여러 개가 있을 수 있지만 결국은 모두 한 정상에서 만난다는 것이다. 이처럼 각 종교들은 모두 한 하나님이라는 궁극적 실재 ultimate reality 에 도달하게 된다고 주장한다. 따라서 기독교, 불교, 이슬람교, 힌두교 등 어느 종교를 믿든지 결국 한 하나님께로 나아갈 수 있다는 것이다. 이들의 주장은 상당히 매력적이다. 표면적으로 이것은 전혀 편협해 보이지 않기 때문이다. 그렇다면 과연 종교 다원주의자들의 주장은 타당한 것일까?

**종교다원주의가 옳으려면, 핵심 교리의 모순이 없어야 한다**

겉보기엔 상당히 매력적으로 보이는 종교 다원주의는 그 주장을 뒷받침할만한 타당한 이유를 제시하지 못한다. 만일 모든 종교가 똑같이 선하고 똑같이 진리이며 그리고 모두 옳다면, 각 종교의 핵심 교리나 종교별 진리 주장들은 서로 모순점이 없어야 한다. 다시 말해 진리를 설명하는 방식은 서로 다를지라도 핵심 주장에 있어서는 동일하거나 공통점이 있어야만 한다. 모든 종교의 주장이 다 궁극적으로는 동일한 진리를 가리켜야만 하는 것이다.

그런데 각 종교들의 진리 주장을 자세히 살펴보면 도저히 하나로 묶을 수 없는 불일치가 있다. 그뿐만 아니라 핵심 교리에 있어서는 상호 모순점이 존재하기까지 한다. 각 종교의 주장에는 서로 일치할 수 없는 모순이 있다. 예컨대 기독교는 인격적인 창조주 하나님을 믿고, 그분의 사랑이 하나님의 아들이신 예수님을 통해서 나타났으며, 인간의 행위가 아니라 하나님의 은혜로 구원받는다고 주장한다. 이슬람교는 창조주 하나님을 믿지만, 예수님은 하나님의 아들이 아니라 인간으로 믿고, 은혜가 아니라 그들의 율법을 준수함으로 구원받는다고 믿는다. 불교는 아예 하나님의 존재에 대해서 언급하지 않으며, 기독교의 창조주 하나님에 대해서는 무신론적 입장을 취한다. 힌두교는 신이 있지만 모든 것을 다 신으로 믿으며,

적어도 3억 개 이상의 신이 있다고 주장한다.

### 각 종교는 서로 상반된 주장을 한다

어떤 종교는 인격적이며 창조주인 유일신이 있다고 주장하고, 다른 종교는 신의 존재에 대해서 모르거나 신의 존재를 부정한다. 또 다른 종교는 신이 있긴 있되 유일신이 아니라 모든 것이 다 신이라고 주장한다. 또한 신에게 이르는 방법도 기독교는 하나님이 자신을 스스로 계시하셨고, 예수를 통해 구원의 길을 보여주었기 때문에 인간의 노력으로 구원 받을 수 없으며, 인간의 구원은 하나님의 은혜 때문이라고 주장한다. 그런데 기독교를 제외한 거의 모든 종교는 인간이 신을 찾아가거나 인간의 종교적 행위를 통해서 구원을 얻는 자력 구원을 주장한다. 그러므로 모든 종교가 다 똑같은 진리를 가지고 있지 않으며, 핵심 교리에 있어서 서로 상반된 주장을 하고 있다고 결론지을 수 있다. 이렇게 모순된 주장들은 조화를 이루거나 일치할 수 없는 매우 근본적인 모순이다. 힌두교 학자인 자흐너 교수는 종교다원주의에 대하여 이렇게 비판한다.

> "오늘날 빈번하게 말해지듯이, 모든 종교가 똑같은 목표에 이르는 길이라는 말은 옳지 않은 주장이다. 교리 상에서 뿐만 아니라 신비의 정도에서까지 일치점이란 없다"[64]

모든 종교가 서로 상반된 진리 주장을 하고 있기 때문에 그들 모두가 진리일 수는 없다. 모든 종교가 서로 모순된다면 우리가 할 수 있는 논리적 선택은 두 가지이다. 그들 모두가 틀렸거나 그중 오직 한 종교만이 진짜 진리라는 것이다. 따라서 모든 종교가 똑같이 선하고 진리이며 모두가 다 하나님께로 가는 길이라는 종교 다원주의의 주장은 합당하지 않다고 말 할 수 있다.

# 3. 종교 다원주의의 구원관

종교 다원주의자들은 "구원의 길이 예수 외에 다른 종교에도 있다."고 주장한다. 그들은 진리보다 구원에 초점을 맞춘다. 그러면 종교 다원주의자들이 말하는 구원이란 무엇인가? 그들의 구원에 대한 개념은 대체로 한 인간이 자아 중심적 관점에서 보편적 관점을 경험하게 되는 것 또는 자기를 비우고 궁극적 실재와 일치되는 것을 의미한다. 그러나 문제는 각 종교에서 말하는 '구원'의 정의가 다양하며 구원의 방식도 각기 다르다는 것이다.

예컨대 기독교의 구원은 인간이 하나님을 떠난 죄로부터 돌이켜서 예수님을 나의 주와 하나님으로 믿고, 죄 사함 받아 하나님과의 관계를 회복하는 것이다. 이 구원은 인간의 노력이 아니라 하나님의 은혜로 가능하다.

불교의 구원은 자기 자신으로부터 해방되어 무아적 존재가 되는 것이다. 즉, 사람이 성불을 통해서 열반에 이르는 것이 불교의 구원관이다. 열반은 현실 세계의 '나'라는 의식과 생각이 완전히 사라진 세계로서, 나와 너의 구별이 없는 무아적 구원이요, 자신의 기억과 자의식이 완전히 사라진 비인격적 구원을 말한다. 이러한 불교의 구원에는 창조주 하나님과의 관계 회복은 전혀 고려 대상이 될 수 없다. 불교의 구원에 있어서 인간의 노력은 절대적이다.

이슬람교는 신의 은혜보다는 율법을 준수함으로써 천국에 갈 수 있다고 믿는다. 구원은 천국에 가는 것이고, 방법은 율법 준수이므로, 이 또한 자력 구원에 속한다고 볼 수 있다.

힌두교의 구원은 모든 자아의 욕망과 감정으로부터 초연해짐으로써 자아를 벗어나 브라만(절대자)과의 합일을 이루는 것이다. 여기서 브라만은 비인격적인 존재로서 우주의 근본 원리이며 궁극적 실재라고 여겨진다. 브라만 안에서는 주체와 객체의 구별이 없고, 선과 악의 구별도 없다. 결국 우주와 하나님은 하나이며, 인간이 곧 하나님이라고 믿는다. 그리고 이러한 구원은 인간의 노력으로 이루어질 수 있다고 믿는다.

이와 같이 세계의 종교들은 각 종교들마다 구원에 대한 개념이 다르고 구원의 방법도 각기 다르다. 구원의 개념이 이처럼 다양하기 때문에 그 모든 구원 교리들을 억지로 일치시킬 수는 없다. 그러므로 지금까지 살펴 본 것에 근거할 때, 모든 종교에 구원이 있다는 종교 다원주의자들의 주장은 합당하지 않다고 결론지을 수 있다.

# 4. 기독교의
# 구원이란?

　지금까지 우리는 현대 지성인들이 기독교에 대해 품고 있는 의문들에 대해 살펴보았다. 그 결과 기독교만이 진리라는 주장은 편협하거나 오만한 것이 아니라는 것을 깨닫게 되었다. 그리고 모든 종교에도 구원이 있다는 종교 다원주의자들의 주장에는 모순이 있다는 사실을 알게 되었다. 어떤 주장이라도 그 주장에 대한 타당한 이유를 제시하지 못하거나 그 주장에 모순이 존재한다면, 그것은 진리 주장이 아니라고 말할 수 있다. 따라서 종교 다원주의자들의 주장은 진리가 아니다.

**기독교의 구원 : 죄로부터 구원, 하나님과의 관계 회복**
　이제부터 왜 예수만이 하나님께 가는 유일한 길인가에 대해서 좀 더 구체적으로 살펴보고자 한다. 우선 우리는 기독교에서 말하는 구원의 개념에 대해서 명확하게 이해할 필요가 있다. '예수만이 구원이다.'라고 주장 할 때, 기독교에서 말하는 구원의 개념은 무엇인가? 기독교의 구원 개념은 도덕적으로 악한 사람이 선한 사람이 되는 것을 말하는 것이 아니다. 악한 사회구조를 선한 구조로 바꾸는 것을 의미하는 것도 아니다. 기독교의 구원이란 죄로부터

의 구원이다. 또한 하나님과의 관계 회복을 의미한다. 죄란 무엇인가? 죄의 본질은 우리 삶에서 "하나님을 하나님 되게 하지 못하는 것"[65]이고, 하나님을 거부하는 것을 말한다. 하나님을 거부하고 자신이 주인 노릇하는 것이 죄의 본질이다.[66] 이렇게 하나님 없이 자신이 인생의 왕이 되어 자기가 원하는 대로 사는 결과가 바로 지옥이다.

따라서 성경에서 강조하는 구원은 하나님을 거부하던 사람이 그의 잘못된 상태에서 돌이켜서 예수님을 나의 주님과 나의 하나님으로 믿음으로써 깨어졌던 하나님과의 관계를 회복하는 것을 말한다. 하나님과의 관계 회복이 바로 구원이다. 예수님을 하나님으로 믿는 믿음을 통하여 인간이 하나님과의 관계가 회복되면 영생을 소유하게 된다. 이것은 하나님과의 영원한 관계성 속에서 살아가게 되고, 그분과 인격적인 교제를 나누게 되는 것을 의미한다. 이러한 구원은 인간이 누릴 수 있는 최고의 영광과 기쁨이다. 왜냐하면 하나님은 선, 기쁨, 생명, 영광, 행복 등의 근원이시기 때문이다. 인간이 하나님과 깊이 교제하면 할수록 인간은 그분의 선함과 기쁨과 영광된 복들을 나눠받고 온전히 누리게 된다.

이런 의미에서 볼 때, 아무리 도덕적으로 깨끗하게 산 사람이라

할지라도 창조주 하나님을 거부하고 자기 자신이 스스로 왕 노릇한다면 하나님과의 관계가 회복될 가능성은 전혀 없다. 하나님과의 관계가 회복되지 않는 한 그 사람은 하나님의 영광된 복을 누릴 수 없다. 아무리 선하게 인생을 살아온 사람이라도 인격적인 하나님을 의도적으로 무시하고 거부한다면 하나님과의 관계는 회복될 수 없고, 그 결과로 하나님의 구원의 기쁨에 참여할 수 없다.

## 5. 구원에 대한 타종교의 부적합성

기독교에서 주장하는 구원이란 창조주 하나님과의 관계 회복을 말한다. 그렇다면 과연 다른 종교들에서도 인간이 창조주 하나님과의 관계를 회복할 수 있는 길을 제시하고 있는가? 사실 다른 종교에서는 그 길을 제시할 수 없다. 그 이유는 각 종교의 신관과 관련이 있다.

### 불교는 창조주를 부인한다

첫째, 불교는 창조주 하나님의 존재를 부인하기 때문에 하나님과 인격적인 교제를 맺을 수 있는 기회가 없다. 불교는 무신론에 가깝기 때문에 하나님을 떠나 죄악에 빠진 인간이 하나님과의 관계를 회복할 수 있는 길이 없는 것이다.

### 범신론은 우주가 신이라고 믿는다

둘째, 힌두교는 범신론의 유형에 속한다. 범신론은 우주 안에 있는 모든 것이 신이며, 우주 자체가 신이라고 믿는다. 범신론은 우주 자체가 궁극적인 존재요, 신이기 때문에 우주를 만든 창조주를 인정하지 않는다. 범신론은 우주가 영원하다고 믿는다. 그러나 현대 우주론에 의하면 우주는 영원하지 않다고 한다. 현대 과학 지식은 우주는 시작과 끝이 있으며, 우주는 우주 대폭발과 함께 시작되었고, 모든 연료를 다 태우며 서서히 죽어가서 결국 종말을 맞이하게 될 것임을 알려준다. 만약 우주가 죽는다면 이 우주 안에 있는 모든 것들은 어떻게 되겠는가? 우주 안에 있는 모든 신들도 우주와 함께 죽게 된다. 범신론에서는 우주가 신인데 우주가 죽으면 과연 누가 우리를 구해 줄 수 있겠는가? 바로 이것이 범신론의 한계이며, 범신론을 통해 초월자 하나님을 만날 수 없는 이유이다.

### 이슬람의 알라는 교제할 수 있는 인격신이 아니다

셋째, 이슬람은 유일신을 믿고 있지만 인격적인 신 개념과는 거리가 멀다. 알라는 세상을 창조한 후에 아무것도 하지 않으며, 인간의 죄를 대신 해결하기 위해 이 세상에 들어와서 자신을 희생하지 않는다. 또한 알라는 유일신이면서 한 인격만 가졌기 때문에 본질적으로 사랑하는 존재가 못되며 완벽한 존재가 아니다. 이슬람의 신관에는 삼위일체 하나님 개념이 없기 때문에 최고의 존재요 완전한 존재로서의 인격체인 창조주 하나님을 설명하지 못한다. 여기에 대해서는 잠시 후 조금 더 설명하도록 하겠다. 이처럼, 불교, 힌두교 그리고 이슬람에서는 인간이 인격적인 창조주 하나님과의 관계를 맺고, 잃어버린 하나님과의 관계를 회복하는 길이 보이지 않는다. 이런 의미에서 다른 종교에는 구원이 없다고 말할 수 있다.

## 6. 기독교 구원의 타당성

그렇다면 기독교에 하나님과의 관계를 회복할 수 있는 구원이 있다는 주장의 근거는 무엇인가?

### 창조주 하나님의 존재를 믿을 타당한 이유가 많다

첫째, 이 세상에 창조주 하나님이 존재한다는 사실을 믿을만한 타당한 이유들이 많이 있다.[67] 1) 우주의 기원을 살펴볼 때 창조주 하나님의 존재를 믿을 수 있다. 현대 과학에 의하면 우주의 시작이 있다. 우주의 시작은 우주 자체를 제외한 다른 원인에 의해서 만들어 진 것이다. 시작이 있는 유한한 우주가 우주의 원인이 될 수 없기 때문이다. 우주 시작의 원인은 물질이라고 볼 수 없다. 왜냐하면 최초 우주의 시작에는 아무런 물질이 없었기 때문이다. 현대 천문학 분야에 뛰어난 학자인 알렉스 빌렌킨 Alex Vilenkin 을 비롯한 유수한 과학자들은 우주가 무(無)로부터 시작되었다고 주장한다.[68] 이것은 우주의 최초 시작에는 아무런 물질이 없었다는 것을 말하는 것이다. 하지만, 논리적으로 볼 때 아무것도 없는 곳에서는 아무것도 나올 수 없다. 그 무엇인가 원인이 있어야만 한다. 만일 우주의 시작에는 아무런 물질이 없었다면 우주 탄생의 원인은 과연 무엇일까?

두 가지의 논리적 선택이 있다. 하나는 숫자와 논리의 법칙과 같은 추상적 객체_abstract object_이다. 그런데 논리의 법칙이나 숫자들(1,2,3…)이 무엇인가를 만들어 낼 수 있는 힘을 가졌다고 볼 근거가 없다. 다른 하나의 가능성은 인격적인 창조주가 의지를 가지고 지성적으로 우주를 설계하고 창조했다고 보는 것이다. 이것은 가장 설득력 있는 대답이 될 수 있을 것이다. 따라서 우주의 기원을 살펴 볼 때, 창조주가 우주를 만들었다고 믿는 것이 가장 합당한 생각이라고 말할 수 있다.

2) 생명체의 기원을 살펴 볼 때 하나님의 존재를 믿을 수 있다. '우주의 생명체는 그냥 우연히 만들어진 것이 아니라 지성적 존재에 의해서 매우 정교하게 설계되었다.'는 지적설계의 명백한 증거들이 많이 발견된다. 예컨대, 인간 세포 속에 가장 복잡한 설계도가 숨겨있다. DNA는 세포핵 안에 들어있는 설계도로서 생명에 관한 정보가 들어있다. 인간의 정자와 난자가 수정되어 초기 세포분열 단계에서부터 DNA 안에 들어 있는 정보는 구체적인 임무를 수행한다. '너는 눈이 되고, 너는 식도가 되라. 너는 간, 쓸게, 위장과 심장이 되라. 너는 팔다리와 엉덩이와 배가 되라.'는 등 모든 구체적인 정보가 그 안에 다 들어 있다. 이러한 놀라운 DNA의 특성 때문에 빌 게이츠는 말하기를 "DNA는 컴퓨터 프로그램과 같다. 그러

나 지금까지 우리가 만들어 낸 어떠한 소프트웨어보다도 훨씬 더, 훨씬 더 진보된 것이다."[69]라고 강조하였다.

논리적으로 생각해 볼 때, 정보는 어디로부터 오는가? 정보는 지성적 행위자에 의해서 주어진 것이다. DNA 정보는 물질적인 특성이 아니기 때문에 물질에서 기원할 수 없다. 정보는 생각하는 지성적인 존재에 의해서 지적으로 정교하게 고안된 것이라고 보는 것이 합당하다. 따라서 복잡하게 설계된 정보$_{DNA}$는 지성적인 하나님에 의해 만들어졌다고 보는 것이 가장 합리적이다. 그러므로 우주의 정교한 질서와 생명체의 지적인 특성은 지성적인 하나님께서 만드셨다고 볼 때 가장 합리적으로 설명할 수 있다.

3) 도덕성의 기원을 살펴볼 때 하나님의 존재를 믿을 수 있다. 이 세상에는 객관적인 도덕성이 존재한다. 시대와 문화를 초월하여 보편적인 도덕성이 있다. 이 도덕 법칙은 물질에 의해서 지배를 받을 수 없으며, 물질세계로부터 올 수도 없는 인간성의 법칙이다. 이 도덕성은 과연 어디로부터 왔겠는가? 도덕성은 도덕적인 하나님으로부터 왔다고 보는 것이 가장 합당하다. 즉 도덕성이 존재한다는 것은 그 도덕성을 부여한 하나님이 존재한다는 것을 말해 준다. 하나님 없이는 궁극적으로 옳고 그름을 말할 수 없다. 철학자 윌리엄 레인 크레이그<sub>William Lane Craig</sub> 박사는 도덕성과 하나님에 대해서 다음과 같은 논증을 제시한다.[70]

첫째, 만약 하나님이 존재하지 않는다면 객관적인 도덕적 가치들은 존재하지 않는다.
둘째, 객관적인 도덕적 가치들이 존재한다.
셋째, 그러므로 하나님은 존재한다.

크레이그 박사는 만약 하나님이 없다면 세상에 객관적인 도덕성이 존재할 수 없다고 말한다. 그런데 세상에는 분명히 도덕성이 존재하기 때문에 하나님이 존재할 수밖에 없다는 논리이다. 사실 이 주장은 상당히 설득력이 있다. 이 세상에 존재하는 도덕적 가치는 그 가치들을 부여하신 하나님이 아니고는 그 근거를 제시할 수 없다. 도덕성은 그 도덕을 부여한 하나님이 존재한다는 사실을 알려주고 있다.

따라서 우리는 우주의 기원, 생명체 안에 있는 DNA 정보의 기원, 도덕성의 기원 등을 살펴볼 때, 하나님이 존재한다는 것에 대한 합리적인 이유들을 충분히 발견할 수 있다. 이처럼 인격적인 창조주의 존재를 인정하고 그분과의 인격적인 사귐을 강조하는 종교는 기독교가 유일하다. 따라서 하나님과의 관계 회복을 맺는 구원은 기독교를 통해서만 얻을 수 있다고 말할 수 있다.

### 완전한 최고의 존재는 기독교의 창조주 하나님이다

둘째, 만약 우리가 창조주 하나님의 존재를 인정한다면, 그 하나님은 과연 어떤 분이겠는가? 하나님$_{God}$에 대한 철학적 정의는 '인간이 상상할 수 있는 가장 완전하고 최고의 존재'이다. 하나님은 인간이 생각할 수 있는 최고의 존재요, 가장 완전한 존재이다.[71] 완벽하고 최고의 존재는 그 존재의 본질상 오직 한 분뿐이다. 최고의 존재는 둘이 될 수 없다. 따라서 하나님은 유일신$_{monotheism}$이다. 뿐만 아니라 그 유일한 하나님은 도덕적으로도 완전해야만 한다. 하나님이 도덕적으로 완전하다는 것은 하나님이 인격체로서 사랑하는 분이라는 것을 의미한다. 사랑은 인격적인 행위로서 관계적이기 때문에 반드시 사랑의 대상이 있어야만 한다. 그러면 사랑의 본질은 무엇인가? 사랑은 자신을 타인에게 내어주는 것을 말한다. 그래서 '하나님이 사랑이시다.'라는 것은 하나님은 본성적으로 다른 인격에게 자신을 내어주는 존재라는 것을 의미한다.

그런데 여기서 깊이 생각해 볼 것이 있다. 만일 하나님이 한 분 뿐이면서 한 인격만 가졌다면 그 사랑의 대상은 누구겠는가? 교제의 대상이 없다. 천지를 창조하기 이전에 하나님 한 분만 존재했으며, 그 하나의 인격을 가진 하나님은 사랑을 나눌 대상이 없는 것이다. 바로 이런 문제점을 가진 신관이 이슬람의 신관이다. 이슬람의 알라는 본질적으로 한 분 뿐이면서 오직 하나의 의지만 가졌기 때문에 다른 인격과 관계를 맺을 수 없다. 이런 신은 완전한 최고의 존재가 될 수 없다.

사랑하지 못하는 신은 완벽하지 않다. 하나님은 이 세상을 창조하기 전에 반드시 완전해야 한다. 기독교의 삼위일체 하나님은 최고의 존재이기에 오직 한 분뿐이다. 그리고 그 하나님은 완전하기 때문에 도덕적으로도 완벽하게 사랑하는 존재이다. 따라서 한 분뿐이면서 동시에 사랑할 수 있는 최고의 신은 본질적으로 유일하면서도 세 인격을 가지신 기독교의 삼위일체 하나님뿐이다. 삼위일체 하나님은 오직 한 분뿐이면서도 세 인격을 가졌기에 세상을 창조하기 전에도 본성적으로 완전한 사랑을 할 수 있었다. 이런 의미에서 기독교의 삼위일체 하나님은 가장 논리적으로 타당한 신관이라 할 수 있다. 이처럼 삼위일체 하나님이 가장 타당하다면, 우리는 예수 그리스도의 하나님 되심과 유일한 구세주 되심에 한 걸음 가까이 다가섰다고 말할 수 있을 것이다.

## 7. 예수의 신적 속성과 유일성

왜 예수님을 믿어야만 하나님과의 교제를 회복할 수 있는 구원을 얻을 수 있는가? 우리는 그 이유를 예수의 자기주장에서 찾아볼 수 있다. 이 세상의 종교 지도자들 중에서 그 누구도 예수님처럼 특별한 주장을 펼친 사람은 없다.

**예수님의 주장은 유일하며 특별하다**

첫째, 예수는 자신만이 하나님께로 갈 수 있는 유일한 통로라고 주장하였다. 그는 말하였다. "내가 곧 길이요 진리요 생명이다. 나로 말미암지 않고서는 아무도 아버지께로 올 사람이 없다."(요 14:6)

여기서 예수는 자신만이 하나님께 갈 수 있는 유일한 방편임을 강조하고 있다. 예수 외에 그 어느 종교지도자도 자신이 하나님께 이를 수 있는 유일한 길이라고 주장한 사람은 없었다.

둘째, 예수는 자신을 하나님과 동일시하였다. 예수는 자신이 하나님께 이를 수 있는 유일한 통로 일뿐만 아니라 하나님과 동등한 존재임을 밝히셨다. 요한복음 14장 8~9절의 대화를 보라. "빌립이 이르되 주여 아버지를 우리에게 보여 주옵소서. 그리하면 족하겠나이다. 예수께서 이르시되 빌립아 내가 이렇게 오래 너희와 함께 있으되 네가 나를 알지 못하느냐 나를 본 자는 아버지를 보았거늘 어찌하여 아버지를 보이라 하느냐." 여기서 예수는 자신을 보는 것이 곧 하나님 아버지를 보는 것임을 강조하고 있다. 뿐만 아니라 예수는 "너희는 마음에 근심하지 말라 하나님을 믿으니 또 나를 믿으라"(요 14:1), "나와 아버지는 하나이니라"(요 10:30) 하는 이런 말씀을 통하여 자신을 하나님과 동등한 분으로 인식하도록 하였다. 이 세상 그 어느 종교 지도자도 자신을 하나님과 동일하게 여기지는 않았다.

셋째, 예수는 자신에게 남의 죄를 사해 줄 권세가 있음을 밝힌다. 예수는 다른 사람의 죄를 용서해 주신다. 예수께서 한 중풍병자에게 "네 죄 사함을 받았느니라"(눅 5:20)고 선언하였다. 유대인의 사고로 볼 때 사람의 죄를 용서할 수 있는 분은 오직 하나님 한 분뿐이다. 예수는 그러한 신적 권위가 본인에게 있다고 주장한다.

넷째, 예수는 자신이 인간의 죄를 사하여 주기 위해서 인간을 대신하여 죽는다고 주장하였다. "인자가 온 것은 섬김을 받으려 함이 아니라 도리어 섬기려 하고 자기 목숨을 많은 사람의 대속물로 주려 함이니라"(막 10:45). 이 말씀처럼 예수는 자신이 인간의 죄를 위해 대신 죽은 희생적 사랑을 보이신다.

다섯째, 예수는 자신이 세상을 심판하는 권세를 가졌다고 주장한다. "인자가 아버지의 영광으로 그 천사들과 함께 오리니 그 때에 각 사람이 행한 대로 갚으리라"(마 16:27). "예수께서 이르시되 네가 말하였느니라. 그러나 내가 너희에게 이르노니 이 후에 인자가 권능의 우편에 앉아 있는 것과 하늘 구름을 타고 오는 것을 너희가 보리라 하시니"(마 26:64). 이 말씀에서 예수는 자신이 세상을 심판할 수 있는 신적 권세를 가진 분으로 스스로 생각했고 주장하였다.

여섯째, 예수는 자신을 믿으면 영원한 생명을 준다고 주장하였다. "내가 진실로 진실로 너희에게 이르노니 내 말을 듣고 또 나 보내신 이를 믿는 자는 영생을 얻었고 심판에 이르지 아니하나니 사망에서 생명으로 옮겼느니라"(요 5:24). 예수는 인간의 운명이 자신에게 달렸음을 알려주고 있다.

일곱째, 예수는 자신이 죽음의 권세를 이기고 부활할 것을 예고하였다. "이방인들에게 넘겨 주어 그를 조롱하며 채찍질하며 십자가에 못 박게 할 것이나 제 삼일에 살아나리라"(마 20:19) 하는 말씀대로 예수는 죽은 후 3일 만에 다시 살아나셨다. 초기교회의 신자들은 목숨을 걸고 예수 부활에 대한 증인으로서의 삶을 살았다.

### 예수님은 신적 권위를 자신에게 두었다

이 모든 예수의 주장을 통하여 알 수 있는 것은 무엇인가? 예수는 그의 신적 권위를 자기 자신에게 두었다는 것이다. 그는 신적인 자의식을 가졌고, 자신이 하나님과 동등하다고 주장하였으며, 사람들의 운명이 자신을 믿느냐, 믿지 않느냐에 달렸다고 주장하고 행동하였다.(요 11:25) 따라서 예수님의 주장은 다른 종교 지도자들과는 전혀 다르다. 다른 종교지도자들 중에서 그 어떤 사람도 자기 자신에게 신적 권위를 두지 않았다. 오직 예수만이 자신에게 신적인 권위를 두었다. 참으로 안타까운 것은 오늘날 많은 사람들이 예수님을 훌륭한 성인으로 인정하면서도, 예수님이 인간의 몸으로 오신 하나님이시라는 사실을 부인하려고 한다. 만일 우리가 예수의 인격을 믿는다면 그분의 주장을 반드시 믿어야만 한다.

## 8. 예수님은 유일한 구세주이다!

우리는 예수님을 하나님의 아들로 믿어야만 한다. 우리가 예수님의 인품을 믿는다면 그분의 주장도 믿어야 한다. 예수님은 자신을 훌륭한 스승으로 말씀하지 않으셨다. 예수님은 자신을 우리 죄를 대속하기 위해 이 땅에 오셔서 자기의 생명으로 우리 생명을 살리는 하나님의 아들로 말씀하셨다. 이 예수님이 진정 하나님의 아들이라면 우리에게 다른 구원의 길은 없다.

"내가 진실로 진실로 너희에게 이르노니 내 말을 듣고 또 나 보내신 이를 믿는 자는 영생을 얻었고 심판에 이르지 아니하나니 사망에서 생명으로 옮겼느니라" (요 5:24)

"예수께서 이르시되 내가 곧 길이요 진리요 생명이니 나로 말미암지 않고는 아버지께로 올 자가 없느니라" (요 14:6)

예수님은 자신이 하나님의 아들이요, 하나님께로 가는 유일한 통로가 되신다고 주장하신다. 우리가 이 예수님의 말씀을 진정으로 믿고 받아들일 때, 우리는 예수님을 통해서 창조주 하나님을 볼 수 있고, 하나님과의 관계 회복을 이룰 수 있다. 우리는 인간의 몸으로 오신 하나님의 아들 예수 그리스도를 통하여 하나님과 인격적인 관계를 맺고 그분과 친밀한 교제 속에 살 수 있다. 왜냐하면 예수께서는 자신의 생명의 피를 통하여 우리의 죄를 용서해 주셨고, 그분의 십자가 사랑으로 인해 우리가 하나님과의 관계를 회복할 수 있는 길을 열어주셨기 때문이다. 우리가 예수님을 나의 주님, 나의 하나님으로 고백할 때, 하나님과의 새로운 관계가 형성되고 영생의 복을 받을 수 있다. 이런 구원의 길을 안내하는 것은 오직 기독교 신앙뿐이다. 따라서 우리는 담대히 말할 수 있다: 예수님만이 하나님께로 안내하는 유일한 구원자이다!

나가는 말

# 놀라운 하나님의
# 사랑을 만나세요!

**고대 신화의 신들**

고대 그리스 신화에 나오는 신들과 기독교의 하나님은 어떤 차이가 있는가? 또한 고대 바빌론 신화에 나오는 신들과 성경의 하나님은 어떤 차이가 있을까? 제우스를 비롯한 그리스 신화의 신들은 도덕적인 신들이 아니다. 그들은 인간과 비슷한 욕망을 가지고 있으며, 비도덕적으로 판단하여 행동하기도 한다. 그 신들은 비윤리적이다.

그렇다면, 고대 바빌론 신화에 나오는 신들은 어떨까? 마르둑을 비롯한 고대 바빌론의 신들 역시 거룩하거나 도덕적인 것에는 관심이 없다. 고대 바빌론 신화에서 신들이 인간을 만드는 목적이 무엇일까? 신이 인간을 만드는 목적은 인간으로 하여금 신전을 만들게 하고 신들을 섬기도록하기 위해서이다. 즉, 인간의 노동력을 이용하여 신들의 편리와 유익을 취하기 위해서 인 것이다.

그 신들은 인간을 홍수로 멸망시키기도 한다. 노아시대의 홍수처럼 신들이 인간을 멸망시키는 이유는 무엇인가? 그것은 신들의 질투 때문이다. 다시 말하면, 섬김을 받기 위해서 만들어 놓은 인간이 땅에 번성하여 인구가 늘어났다. 소란함을 느낀 신들은 이를 귀찮게 여기고 인간을 함부로 멸망시켜 버린다. 이것은 성경에 나오는 노아시대의 홍수 이야기와는 질적으로 다르다. 노아시대의 홍수는 인간의 도덕적인 타락, 즉, 죄악이 땅에 가득 찼기 때문에 거룩하신 하나님으로부터 심판을 받은 것이다. 그러나 고대 바빌론의 신화에서는 신들의 질투 때문에 인간을 함부로 멸망시킨다는 것이다. 따라서 그리스 신화나 고대 바빌론 신화에 등장하는 신들은 비윤리적이고, 인간을 존중하지 않고, 함부로 대하며 심지어 인간을 노예로 삼는 신들이다. 물론 이러한 신들은 이 세상에 존재론적으로 실재하는 신들이 아니다. 고대 문화와 역사적 배경 속에서 나온 이야기 속에 등장하는 신들일 뿐이다. 그럼에도 불구하고, 고대의 신들은 인간을 존중하지 않는다.

### 성경의 하나님

그렇다면 성경의 하나님은 어떠한가? 성경의 하나님은 세상을 만드신 창조주 하나님이시며 실제로 존재한다는 점에서 근본적인 차이를 가진다. 성경의 하나님은 인간과 어떤 방식으로 대면하시는가? 하나님은 인간을 왜, 그리고 어떤 존재로 만드셨는가? 성경을 세밀하게 읽어 보면 이러한 질문에 대한 답을 얻을 수 있다. 하나님은 하나님의 형상대로 인간을 창조하셨다.(창1:26-27) 그렇다면 하나님의 형상대로 창조되었다는 것이 무엇을 의미하는가? 이것을 조금 쉽게 설명한다면, 인간은 하나님의 인격을 닮은 존재로 창조 되었고, 하나님의 지성, 감성, 의지, 도덕성 등을 닮은 최고의 존재로 창조되었음을 의미한다.

그러면 하나님이 인간을 창조하신 후에 인간에게 하신 첫 번째 일은 무엇인가? 그것은 인간을 축복하는 것이었다.

"하나님이 그들에게 복을 주시며 하나님이 그들에게 이르시되 생육하고 번성하여 땅에 충만하라, 땅을 정복하라, 바다의 물고기와 하늘의 새와 땅에 움직이는 모든 생물을 다스리라 하시니라" (창 1:28)

성경의 하나님은 인간의 생육과 번성을 축복하시고, 모든 것을 다스릴 권한까지 부여하셨다. 이것은 하나님이 인간을 존중하고 너무나 소중하게 여기시는 모습이다.

더욱이 하나님의 인간 창조 목적을 알게 된다면, 우리는 창조주 하나님께 영광을 돌리지 않을 수 없고, 하나님의 크신 은혜를 찬양하지 않을 수 없을 것이다. 하나님이 인간을 창조하신 목적에 대한 힌트는 에베소 교인들을 향한 바울의 간절한 기도에서 발견할 수 있다.

> "우리 주 예수 그리스도의 하나님, 영광의 아버지께서 지혜와 계시의 영을 너희에게 주사 하나님을 알게 하시고 너희 마음의 눈을 밝히사 그의 부르심의 소망이 무엇이며 성도 안에서 그 기업의 영광의 풍성함이 무엇이며 그의 힘의 위력으로 역사하심을 따라 믿는 우리에게 베푸신 능력의 지극히 크심이 어떠한 것을 너희로 알게 하시기를 구하노라" (엡 1;17-19)

바울은 에베소의 교인들이 성령을 통하여 그들의 마음의 눈이 밝혀지고 그들의 부름심의 소망이 무엇이며 그들이 받을 기업의 영광의 풍성함이 무엇인가를 알게 되고 깨닫게 되기를 하나님께 간절히 기도하고 있다. 이것을 통해 우리는 창조주 하나님께서 우리를 창조하시고 부르신 목적을 알 수 있다. 하나님은 자신이 누리고 있는 영광과 풍성함을 너무나 좋아하셨다. 우리가 그 하나님의 영광과 풍성함을 누리고 즐거워하여 하나님을 찬양할 수 있도록 하시기 위하여 우리를 창조하셨고 그분의 풍성함으로 초대하고 계시는 것이다.

다시 말해, 창조주 하나님이 누리는 그 영광과 기쁨이 너무나 좋고 풍성하기 때문에 하나님은 우리 인간에게 그 영광스러운 복을 누리도록 하시기 위해, 우리를 만드시고 초대하시는 것이다. 하나님이 인간을 만든 목적은 하나님 자신을 위해서가 아니라, 인간의 유익을 위해서이다. 하나님은 우리가 그 하나님의 영광과 은혜의 자리에 참예하고, 하나님이 베푸신 은혜를 경험하기 원하신다.

그래서 우리의 입을 열어 놀라운 하나님의 영광과 은혜를 자발적으로 찬양하고 하나님께 감사와 영광을 돌리게 하기 위해 인간을 창조하신 것이다. 따라서 성경의 하나님은 고대 바빌론의 신들과는 도저히 비교할 수 없는 분이시다.

## 인간의 불순종과 영적 죽음

놀라운 사실은 이것만이 아니다. 하나님이 인간을 하나님의 나라에 초대한 방식은 너무나 놀랍다. 하나님의 풍성함을 누리도록하기 위해 창조한 인간이 하나님의 말씀에 불순종하여 죄를 짓고 타락했다. 이 죄는 하나님과 인간을 분리하였고, 인간은 죽음을 경험하게 되었다. 창세기 3장에서 아담과 하와가 하나님의 말씀에 불순종하여 선악과를 따서 먹은 사건은 하나님을 향한 인간의 반역이다. 이것은 인간이 하나님 없이 스스로 주인이 되어 자기 마음대로 살고자 하는 악한 죄의 행위였다. 인간은 하나님과 상관없이 자기가 주인 되는 삶을 살았다. 성경은 하나님과 상관없이 스스로가 주인 되어 자기 마음대로 살아가는 삶을 죄로 규정한다.

이 죄로 말미암아 하나님과 인간 사이의 관계가 단절된 것이다. 하나님의 선하신 창조 목적을 거부하고 자신이 주인 되어 하나님과 상관없는 삶을 사는 결과는 하나님과의 영원한 분리이다. 인간 본연의 지음 받은 목적대로 살기를 거부하고 자신을 우주의 중심으로 여기며 교만하게 살아가는 사람들은 결국 하나님과 영원히 분리된다. 하나님과의 영원한 분리, 이것이 영원한 죽음이요, 지옥이다. 따라서 하나님을 거부하는 사람은 이미 영적으로 하나님과 분리되었고, 육신이 죽으면 하나님과 영원히 분리되는 운명에 놓이게 된다. 바로 이렇게 영적으로 죽은 상태를 사도 바울은 "모든 사람이 죄를 범하였으매 하나님의 영광에 이르지 못하더니"(롬 3:23)라고 선언하고 있다. 하나님과 친밀한 관계가 끊긴 인간은 자신의 죄로 말미암아 영원히 죽게 된 것이다.

### 피조물을 위해 죽는 신 God

하지만 하나님은 이것을 진심으로 안타까워하셨다. 영적으로 죽은 인간의 마음을 돌이키길 원하셨다. 사랑과 긍휼의 하나님은 죄와 허물로 죽은 인간을 살리시고 하나님의 영광의 풍성함으로 초대하는 것을 여전히 원하셨던 것이다. 하나님이 죄로 인해 죽은 인간을 살리는 방법은 무엇일까? 하나님은 놀라운 일을 행하신다. 하나님은 죄인인 인간을 위해서 자기 자신을 내어주기로 작정하셨다. 그 창조주 하나님은 겸손하게 인간의 몸으로 이 땅에 오셨다. 그분이 바로 성자 하나님이신 예수 그리스도이시다. 인간의 몸으로 오신 하나님의 아들, 예수께서 인간의 죄악을 대신해서 십자가에 못 박혀 죽으셨다. 그분은 십자가에 못 박힌 자신을 통해 '내가 너희를 이렇게 사랑하노라'고 표현하신다. 하나님의 생명으로 우리의 생명을 살려주신 것이다. 이 사실에 대해서 성경은 우리에게 이렇게 증언한다.

"하나님이 세상을 이처럼 사랑하사 독생자를 주셨으니 이는 그를 믿는 자마다 멸망하지 않고 영생을 얻게 하려 하심이라 하나님이 그 아들을 세상에 보내신 것은 세상을 심판하려 하심이 아니요 그로 말미암아 세상이 구원을 받게 하려 하심이라" (요 3:16-17)

"우리가 아직 죄인 되었을 때에 그리스도께서 우리를 위하여 죽으심으로 하나님께서 우리에 대한 자기의 사랑을 확증하셨느니라" (롬 5:8)

하나님께서 우리를 살리기 위해 자신의 생명을 내어 주셨다. 하나님께서는 자신의 생명을 다해 우리를 사랑하셨다. 그래서 하나님은 사랑이시다. 이 하나님의 희생적 사랑에 대해서 사도 요한은 이렇게 증언하고 있다.

"사랑은 여기 있으니 우리가 하나님을 사랑한 것이 아니요 하나님이 우리를 사랑하사 우리 죄를 속하기 위하여 화목 제물로 그 아들을 보내셨음이라" (요일 4:10)

이 세상에 어느 신(God)이 피조물을 위해서 죽겠는가? 성경의 창조주 하나님은 우리 죄를 대신해서 우리가 죽어야하는 자리에 자신의 생명을 버리셨다. 이것이 우리를 향한 하나님의 사랑이다. 그분의 놀라운 희생적 사랑이 하나님의 아들, 예수 그리스도를 통하여 우리에게 나타나셨다. 하나님은 이처럼 목숨 바쳐 당신을 사랑하신 것이다. 이제 당신은 그 놀라운 하나님의 사랑에 어떻게 응답해야 하겠는가? 예수님을 믿어야 한다. 예수님을 나의 죄를 대신해서 십자가에 죽으신 나의 주님이요, 나의 하나님으로 인정하고 그분을 당신의 삶의 주인으로 모실 때, 당신은 하나님의 크신 사랑을 누릴 수 있다.

### 예수님을 믿는다는 것의 의미는?

그렇다면 예수를 믿는다는 것은 무엇을 의미하는가? 기독교인들 중에서 이것에 대한 명확한 이해가 없는 사람들이 종종 있다. 예수를 믿는다는 것은 다음과 같은 것을 의미한다. '내가 하나님과 전혀 상관없이 내 마음대로 살아온 죄인임을 깨닫고, 예수님이 나의 죄를 대신해서 십자가에 돌아가신 사실을 믿고, 하나님께 나의 죄를 회개하며, 예수 그리스도를 나의 삶의 주인과 나의 하나님으로 모셔 들이는 것을 말한다.' 다시 말해, 전에 우리가 하나님을 모르고 살았을 때는, 하나님을 향해서, "하나님, 하나님은 필요 없습니다. 내 인생은 나의 것이기 때문에, 내가 하고 싶은 대로 내 마음대로 살 것입니다." 이렇게 선언하면서 살아왔다. 그래서 기독교에서 말하는 죄란, 우리 인생에 하나님 없이 자기 자신이 주인 되어 자기 마음대로 살고자 하는 것이다.

그런데 예수님을 믿는다는 것은, 바로 이렇게 하나님이 없는 삶, 자기 마음대로 살고자하는 죄악 된 마음으로부터 돌아서서 다시 하나님을 향하여 새로운 고백을 하는 것이다. "하나님, 내 인생에 하나님이 필요합니다. 이제는 나의 마음대로 나의 뜻대로 살았던 삶을 포기하고, 하나님의 뜻대로 살겠습니다. 하나님이 나의 인생에 주인이 되어 주십시오."라고 고백하는 것이다.

예수를 믿는 삶은, 내 마음대로 사는 삶으로부터 돌아서서 이제는 내 인생의 주인이 되신, 하나님의 뜻대로 사는 삶을 말한다. 예수님이 나의 삶에 주인이 되셔서, 나를 이끌어 가실 수 있도록 나의 우선순위를 내어 드리고, 그분을 의지하는 것을 의미하는 것이다. 그래서 나의 인생의 주인이 바뀌게 되고, 삶의 목적이 바뀌게 되는 것이다. 자신의 만족을 위해 끊임없이 무엇인가를 추구하다가 외로움과 허무를 경험하는 삶에서 돌이키는 것이다. 그리하여, 하나님만이 나의 창조자이시며, 나의 인생의 주인 되심을 고백하고, 그분 안에서 참된 쉼을 추구하는 것이 예수를 믿는 삶이다.

따라서 '이제는 내 인생의 목표가 변화되었다. 이제 더 이상, 자아실현이 내 인생에 최종 목표가 아니다. 하나님을 기쁘시게 하고 하나님께서 주신 사명을 완수하는 것이 내 삶의 목표이다.' 이것이 예수를 믿는 삶의 고백이다. 이처럼 자신의 삶의 목적과 방향을 자기중심에서 하나님 중심으로 바꾸는 결단을 하는 것이 예수 믿는 삶이다.

당신은 이런 고백이나 결단을 한 경험이 있는가? 예수님을 구주로 믿은 후, 자신의 삶의 변화를 경험한 적이 있는가? 자기중심적 삶에서 하나님 중심으로 변화되었고, 이기적인 삶이 이타적인 삶의 모습으로 변화된 경험이 있는가? 예수를 믿는 사람에게는 예수 중심의 삶의 변화가 반드시 일어나야만 한다.

예수 그리스도! 바로 그분이 내 삶에 주인 되심을 경험하는 사람이야 말로 예수 믿는 사람이라고 말할 수 있다. 다시 말하면, 하나님의 나라와 그의 의를 추구하는 것이 삶의 우선순위가 된 사람이야 말로 진정 예수를 믿는 사람이라고 말할 수 있다. 예수께서는 누가복음 9장 23절에서 이렇게 말씀하셨다. "아무든지 나를 따라 오려거든 자기를 부인하고 날마다 제 십자가를 지고 나를 좇을 것이니라"(눅 9:23). 예수를 주님으로 따르는 자는, 자신의 뜻과 욕망을 내려놓고, 하나님의 뜻을 자기 삶의 목적으로 삼고, 매일매일을 예수의 가르침에 순종하면서 사는 사람이다.

**신앙의 중간지대란 없다!**

일상생활에서 균형 잡힌 중용의 태도는 매우 중요하다. 과유불급過猶不及이라는 말이 있다. 이는 "지나침은 모자람만 못하다."라는 뜻이다. 대개 많은 사람들은 모든 것을 너무 지나치게 추구하다가 낭패를 보는 경우가 있다. 과음過飮, 과식過食, 과속過速, 과민過敏, 과욕過慾 등이 모든 말들의 공통점이 무엇인가? 지나쳤기 때문에 해가 되었다는 것이다. 우리는 생활 속에서 좌로나 우로 치우치지 않는 지혜가 필요하다. 이처럼 중용의 자세는 사회생활에서 유용하다. 자신의 주관적 취향에 따라 판단하는 것은 상대적인 문제이다. 예컨대, 어느 아이스크림이 맛있는가의 문제는 개인적 취향에 따라 달라질 수 있다. 어떤 사람은 딸기 아이스크림을 더 좋아하고, 다른 사람은 바나나 아이스크림을 더 선호할 수 있다. 이것은 상대적 진리의 범주에 들 수 있다. 여기에는 중용의 자세가 중요하다.

그런데 절대적이고 참된 진리를 찾는데 있어서는 중용이 도움이 되지 않는다. 진리를 추구하는 데는 중립지대가 없는 것이다. 중간이 있으면 진리가 아니다. 예를 들면, 2더하기 2는 4가 정답이다. 3도 그리고 5도 답은 아니다. 서울에서 볼 때, 태양이 동쪽에서 떠서 서쪽으로 진다는 것은 절대적으로 옳은 것이다. 태양이 동쪽에서 뜨는 것 같기도 하고 서쪽에서 뜨는 것 같기도 하다고 말할 수 없다. 이처럼 절대 진리를 추구할 때는 중용의 자세를 취할 수 없다.

절대 진리는 이것이 아니면 저것이다.

하나님을 믿고 하나님의 말씀대로 사는 것은 절대 진리를 따르는 일이다. 예수를 믿는 신앙생활은 절대 진리를 추구하는 것에 속한다. 예수님을 구주로 믿고 따르는 신앙생활에는 중간 지대가 있을 수 없다. 다시 말해, 어중간하게, 적당히 예수 믿는 그리스도인이란 있을 수 없는 것이다. 예수님 당시, 어중간한 자세로 적당히 예수님을 따랐다가 낭패를 본 무리가 있다.

그 당시 예수님 주위에는 세 무리들이 있었다. 한 무리는 예수께 헌신한 제자들이었고, 다른 무리는 예수를 대적한 적대자들이었다. 그리고 세 번째 무리는 어중간한 입장을 취했던 수많은 군중들이었다. 이 군중들이 예수께 완전히 헌신하지 않았을 때 그들은 결국 어떤 입장을 취하게 되었는가? 그 군중들은 겉으로는 예수를 따랐고, 믿는 것처럼 보였지만 그들은 예수께 온전히 헌신하지 않았다. 그 결과 그 군중들은 ① 점점 굳은 마음을 나타냈으며(마 13:2-3; 10-17; 34-36), ② 때로는 예수님을 비웃었고(마 9:23-25), ③ 예수님을 잡으러 왔으며(마 26:47), ④ 대제사장들과 장로들의 선동을 받았고(마 27:20), ⑤ 결국, 예수님을 십자가에 못 박히게 했다.(마 27:24) 이렇게 예수께 헌신하지 않고 중립지대에 머물고 있었던 무리들은 예수를

"십자가에 못 박으소서"라고 소리쳤던 예수의 적대자로 전락하게 되었다는 사실이다. 마태복음은 이 사실을 우리들에게 잘 알려주고 있다. 그 군중들은 예수님의 말씀을 들었을 때 반드시 선택해야만 했다. '믿는 자가 될 것인가 아니면 적대자가 될 것인가?'

더 이상 중간 지대는 없다! 지금 당신은 어느 위치에 서 있는가? 예수님을 구주로 믿고 온전히 따르고 있는가? 아니면, 아직도 우물쭈물 거리를 두고 있는 중간 그룹의 군중인가? 예수께 헌신하는 삶에는 중간지대란 없다. 예수님의 말씀을 듣고 온전히 예수께 헌신해서 하나님의 나라 안에서 살 것인지, 아니면 자기 마음대로 살면서 영원히 하나님의 은혜에서 멀어지는 삶을 살든지, 둘 중, 하나의 선택밖엔 없다. 당신이 예수께 온전히 헌신해서, 예수께서 약속하신 하나님의 나라를 온전히 경험하게 되는 복된 삶이되길 바라고 기도한다.

"우리 주 예수 그리스도의 하나님이신 영광의 아버지께서 지혜와 계시의 영을 여러분에게 주셔서, 하나님을 알게 하시고, 여러분의 마음의 눈을 밝혀 주셔서, 하나님의 부르심에 속한 소망이 무엇이며, 성도들에게 베푸시는 하나님의 영광스러운 상속이 얼마나 풍성한지를, 여러분이 알게 되기를 바랍니다. 또한 믿는 사람들인 우리에게 강한 힘으로 활동하시는 하나님의 능력이 얼마나 엄청나게 큰지를, 여러분이 알기 바랍니다." (엡 1:17-19 새번역)

## 주

1. 티모시 프리크 & 피터 갠디, 「예수는 신화다」 승영조 역, (서울 : 동아일보사, 2002), 21.
2. 위의 책, 32-33.
3. 위의 책, 26
4. Gunter Wagner, *Pauline Baptism and the Pagan Mysteries*, (Edinburgh: Oliver and Boyd, 1967), 268: J. ED Komoszewski, M. James Sawyer, and Daniel B. Wallace, Reinventing Jesus, 223에서 재인용.
5. Ronald H. Nash, The Gospel and the Greeks, 2nd ed, (Phillipsburg, 2003), 167: J. ED Komoszewski, M. James Sawyer, and Daniel B. Wallace, *Reinventing Jesus*, 224에서 재인용.
6. Tryggve N. D. Mettinger, *The Riddle of Resurrection*, (Stockholm: Almqvist & Wicksell, 2001), 221: Lee Strobel, *The Case For The Real Jesus: A Journalist Investigates Current Attacks on the Identity of Christ*, 161. 재인용.
7. Lee Strobel, *The Case For The Real Jesus: A Journalist Investigates Current Attacks on the Identity of Christ*, 178.
8. Everett Ferguson, *Background of Early Christianity*, 2nd Edit. (Grand Rapids: Eerdmans Publishing Co, 1993), 248.

9. 헬무트 쾨스터, 신약 성서 배경연구, 이억부 역 (서울 : 은성 출판사, 2003), 320. Lee Strobel, *The Case For The Real Jesus: A Journalist Investigates Current Attacks on the Identity of Christ*, 177.
10. 티모시 프리크, 피터 갠디, 예수는 신화다, 102.
11. 리 스트로벨, 예수 사건, 윤관희, 박충렬 역 (서울 : 두란노 2000), 111.
12. *The Buddhist Tradition in India, China and Japan*. Edited by William Theodore de Bary, (New York: Vintage Books, 1972), 14-15.
13. 혹자는 꾸란의 구전기간이 가장 짧다고 주장한다. 하지만 초기 꾸란은 다양한 전승들이 있었고, 그 내용이 상호 모순된 것이 많았다. 이슬람의 3대 지도자가 그 다양한 전승들을 정치적 목적 아래 인위적으로 통일시켜서 한 권으로 편집했다. 따라서 꾸란은 인위적 편집 과정이 있었기 때문에 구전의 순수성을 가늠하기 어렵다. 그래서 오늘날의 꾸란도 그 전승에 따라 상충되는 내용이 많이 나온다. 이것은 성경의 역사적 신뢰성과 비교할 수 없는 것이다. 꾸란의 인위적 편집 과정에 대한 설명은 다음과 같다. 이슬람의 전통에 의하면 무함마드는 글을 읽고 쓸 줄 몰랐기 때문에 그의 말은 구두로 전달되었고 제자들과 동료들은 그의 가르침을 암기했고 나중에 부분적으로 그의 말을 받아 적었다고 한다. 그의 가르침 중 일부분은 종려나무 잎, 돌, 그리고 짐승의 어깨뼈 등에 기록되기도 했다고 한다. 이러한 부분적인 기록들은 상당히 광범히 한 지역에 부분적으로 퍼져 있었고, 그 내용들도 상당한 차이점을 보이고 있었다. 이슬람의 제 2대 지도자인 오말(Umar)이 구전 전승과 부분적인 기록들을 수집하게 하였다. 그리고 제 3대 지도자인 오트만(Uthman)이 무함마드의 신임을 받았던 자이드(Zayd ibn Thabit)라는 인물로 하여금 구전 전승과 부분적 기록들을 한 권의 책으로 편집하게 하였다. 오트만이 꾸란을 한 권으로 편집하고자 하였던 중요한 이유 중의 하나는 무함마드의 가르침을 담은 구전 전승과 부분적 기록들에 상당한 차이점들이 있어서 앞으로 교리적 혼란이 생길 것을 염려하였던 것이다. 모슬렘의 신앙에 의하면, 꾸란은 무함마드가 알라 신으로부터 문자 그대로 신의 뜻을 계시 받

왔다고 믿고 있었다. 그래서 꾸란은 문자 하나 하나가 다 신의 절대적 계시에 의해서 주어진 것으로, 전혀 오류가 없다고 믿었다. 그런데 그러한 꾸란의 전승들이 다양하였으며 심지어 상호 모순적인 내용도 존재하였다. 그래서 그 당시에도 이런 점이 문제가 되었다. 따라서 오트만이 다양한 전승의 내용들을 통일시켜서 한 권의 책으로 편집하려 하였던 것이다. 이것은 무함마드의 죽음 이후 약 20년이 지난 시기에 해당된다. 그런데 여기서 간과할 수 없는 사항은 오트만이 부분적인 파편들을 모아서 한 권의 책으로 편집하기 전에는 꾸란은 신약 성경의 경우처럼 완성된 한 권의 책으로서 존재하고 있지 않았다는 것이다. 뿐만 아니라, 오트만 때 편집된 꾸란은 현대 고고학에서 발견된 다른 꾸란들과 상당한 차이점들을 보이고 있다는 점이다. 초기 꾸란 문서에는 있는 내용이 오늘날 꾸란에는 없는 것이 제법 있다. 이것은 그 당시 존재하였던 여러 가지 유형의 내용들 중에서 오트만이 한 가지 유형만 선택하였다는 것을 말해 준다. 또한 이러한 사실은 무함마드의 가르침이 정확히 현재 사용 중인 꾸란에 그대로 전달되지 않았음을 반증해 주는 것이다. 실제로, 현재 모든 모슬렘이 다 동일한 꾸란을 사용하지 않는다는 점을 주목할 필요가 있다. 몇몇 다른 내용의 꾸란이 사용되고 있다. 여기에 대한 내용은 다음의 책을 참조하라. Bruce Bickel and Stan Jantz, *Guide to Cults, Religions, & Spiritual Beliefs* (Eugene: Harvest House Publishers, 2002), 76; Norman L. Geisler and Abdul Saleeb, *Answering Islam: The Cresent in Light of the Cross*, 91-93; Norman L. Geisler, "Qur'an, Alleged Divine Origin of" In *Baker Encyclopedia of Christian Apologetics* (Grand Rapid: Baker Books, 1999), 623.

14. 리 스트로벨, 예수 사건, 111.
15. 김용옥, 도올 논어[1] (서울 : 통나무, 2000), 20.
16. 김용옥, 노자와 21세기[1] (서울 : 통나무, 2003), 85.
17. 위의 책, 92-93.
18. 리 스트로벨, 예수사건, 111.

19. Gary R. Habermas, *The Historical Jesus*: one in a continuing series of lecture and debates in the defense of the faith, CD (Biola University, La Mirada, CA. USA)
20. F. F. Bruce, *The New Testament Documents: are they reliable?* (Downers Grove: Inter Varsity Press), 16.
21. 위의 책.
22. 위의 책.
23. 위의 책, 16-17.
24. 리 스트로벨, 예수 사건, 78-79.
25. 위의 책, 81.
26. 죠쉬 맥도웰, 기독교의 역사적 증거들, 106.
27. 리 스트로벨, 예수 사건, 84.
28. 죠쉬 맥도웰, 기독교의 역사적 증거들, 109.
29. 리 스트로벨, 예수 사건, 83.
30. 요세푸스,【고대사 (*The Antiquities, XX 9:1*)】
31. Josh McDowell, A Ready Defense (Nashville: Thomas Nelson Publishers, 1993), 199 재인용.
32. 리 스트로벨, 예수 사건, 102-103.
33. 위의 책, 102.
34. 위의 책, 103.
35. 위의 책, 105.
36. Gary R. Habermas, *The Historical Jesus: Ancient Evidence for the Life of Christ* (Joplin: College Press Publishing Company, 2000), 189.
37. Gary R. Habermas, *The Historical Jesus*: one in a continuing series of lecture and debates in the defense of the faith, CD.
38. Gary R. Habermas, *The Historical Jesus: Ancient Evidence for the Life of*

*Christ*, 250.

39. 위의 책, 251.
40. 조쉬 맥도웰, 기독교변증 총서 2, 76-77.
41. 댄 브라운, 다빈치 코드 1 양선아 역(서울: 베텔스만, 2004), 357.
42. William Lane Craig, *Reasonable Faith: Christian Truth and Apologetics* (Crossway Books: Wheaton, 1994), 251-252.
43. 리 스트로벨, 예수 사건, 192-193.
44. D. 제임스 케네디, 논리적으로 예수 전하기, 오현미 역 (서울 : 진흥, 2000), 126.
45. 박담회, 박명룡, 기독교 지성으로 이해하라 (서울 : 도서출판 누가, 2006), 213.
46. 리 스트로벨, 예수 사건, 225-226.
47. C. S. 루이스, 순전한 기독교 장경철, 이종태 역(서울 : 홍성사, 2001), 93-94.
48. Antony Flew & Gary R. Habermas, "My Pilgrimage from Antheism to Theism: An Exlusive Interview with Former British Atheist Professor Antony Flew" In *Philosophia Christi*, vol. 6., no 2., (2005): 209.
49. Rudolf Bultmann, *Die Geschichte der synoptischon Tradition*, 2d ed., Forschungen zur Religion und Literatur des Alten und Neuen Testaments 12 (Gottingen: Vandenhoeck & Ruprecht, 1970), 296. Paul Copan & Ronald K. Tacelli, *Jesus' Resurrection: Fact or Figment*, 170에서 재인용.
50. Gary R. Habermas, "The Case For Christ's Resurrection" 189.
51. J. D. G. Dunn, *The Evidence for Jesus*, 68. Gary R. Habermas, "The Case For Christ's Resurrection" 189에서 재인용.
52. Michael Grant, *Jesus: Historian's Review of the Gospels* (New York: Collier, 1992), 176. Gary R. Habermas, "The Case For Christ's Resurrection" 189에서 재인용.
53. 위의 책, 190.

54. 위의 책.

55. Bart Ehrman, *Jesus: Apocalyptic Prophet of the New Millennium* (New York: Oxford University Press, 1999), 230-31. Gary R. Habermas, "The Case For Christ's Resurrection" 191에서 재인용.

56. Gerd Ludemann, *What Really Happend to Jesus? A Historical Approach to the Resurrection*, trans. John Bowden (Louisville, Ky.: Westminster John Know, 1995), 80. Paul Copan & Ronald K. Tacelli, Jesus' Resurrection: Fact or Figment, 34에서 재인용.

57. 위의 책, 319.

58. A. N. Sherwin-White, *Roman Society and Roman Law in the New Testament* (Oxford: Clarendon Press, 1963), 188-191.

59. 위의 책.

60. 리 스트로벨, 예수 사건, 292.

61. 제5장의 내용은「목회와 신학」(서울 : 두란노) 2013년 8월호에 실린 필자의 글을 보완하였다.

62. Lee Strobel, 특종! 믿음사건, 윤종석 역 (서울 : 두란노, 2001), 168.

63. J. P. Moreland, *Love Your God With All Your Mind* (Colorado Springs: NavPress, 1997), 35.

64. H. D. Lewis & R. L. Slater, *The Study of Religions* (Middlesex, England: Penguin, 1969), 145. 스티브 쿠마, 기독교 진리는 터무니 없다? (서울 : 나침반, 2002), 133. 재인용

65. 밀라드 J. 에릭슨, 복음주의 조직신학 중: 인간론, 기독론, 현재규 역 (서울 : 크리스챤 다이제스트, 2005), 155.

66. 위의 책.

67. 여기에 대해서는「목회와 신학」(서울 : 두란노) 2013년 5월호, "신론 : 하나님을 보여 주세요"를 참조하라.

68. 짐 홀트, 세상은 왜 존재하는가, 우진하 역 (서울 : 21세기북스, 2013), 267.
69. Stephen C. Meyer, "Word Games: DNA, Design, and Intelligence" in *Signs of Intelligence*, 108.
70. William Lane Craig, *God, Are You There?* (Norcross: RZIM, 1999), 35.
71. J. P. Moreland and William Lane Craig, *Philosophical Foundation For a Christian Worldview* (Downers Grove: InterVarsity Press, 2003), 501-502.